新世纪农村普法读本

依法治国之送法下乡

农村留守儿童及孤寡老人法律问题解答

—— （案例应用版）——

孙才涛◎著

中国政法大学出版社

2015·北京

依法治国之送法下乡丛书编委会

专家顾问

冯晓青（中国政法大学教授，博士研究生导师）

李永军（中国政法大学教授，博士研究生导师）

李显冬（中国政法大学教授，博士研究生导师）

来小鹏（中国政法大学教授，博士研究生导师）

张　楚（中国政法大学教授，博士研究生导师）

隋彭生（中国政法大学教授）

房保国（中国政法大学副教授）

吴丹红（中国政法大学副教授）

编委会成员

路　正	段建辉	孙才涛	郭　锰	张立杰	薛晓雪	吴自恩
张　旭	陈熙云	张亚凤	薛　平	吕鑫萍	俞能强	吴　辉
张雪莲	田力男	刘婷婷	罗　舜	丛怀挺	王玉山	司　宇
李吉斌	修明贺	邱华锋	黄克彪	柴永林	刘海龙	王永权

序　言

"法律的力量应当跟随着公民，就像影子跟随着身体一样。"

——[意]　贝卡利亚

中国共产党第十八届中央委员会第四次全体会议于 2014 年 10 月 23 日落幕。中央全会以"依法治国"为主题在中国共产党 93 年的历史上是首次，会议审议通过了《中共中央关于全面推进依法治国若干重大问题的决定》。这份规划执政党依法治国路线图的纲领性文件提出，全面推进依法治国的总目标是建设中国特色社会主义法治体系，建设社会主义法治国家。可以预见的是，未来的中国必然是法治的中国，建设法治国家离不开一个法治意识强的公民社会，因此，普及法律知识，培育法治群体是当务之急。

当下的农村，留守儿童和孤寡老人群体成为影响社会发展大局的重要问题，现实中，侵犯留守儿童和孤寡老人群体的利益的现象还很多，除了社会政策和国家保障方面的缺失外，留守儿童和孤寡老人本身的法律知识的匮乏也直接影响着他们自身的维权。因此，本书旨在通过对留守儿童和孤寡老人基本法律知识的解答，使这类社会弱势群体增强自身维权意识，提高维权技巧，同时，更期望推动社会对留守儿童和孤寡老人的关注，使他们真正感受到法治的阳光。

孙才涛

2015 年 1 月 12 日 于北京

目　录

1 如何监护农村留守儿童？

典型事例

小王今年5岁，他的父母都在城市里打工，小王留在爷爷家里生活，但是由于爷爷身体状况欠佳，小王得不到有效的照顾，生活上、学习上都遇到了许多困难，不久，爷爷去世，小王更加无助，只能暂时寄住在邻居家里生活。后来小王的父母在车祸中丧生，小王成了孤儿，村委会最后指定小王的表姑作为小王的监护人，但是小王的表姑对小王根本就不管，有时候还无故殴打小王。小王现在是生活在水深火热之中，不知如何是好。

法律分析

1. 监护权是监护人对未成年人和精神病人等无民事行为能力人和限制行为能力人的人身权益、财产权益所享有的监督、保护的身份权，是对无民事行为能力和限制民事行为能力的未成年人和成年精神病人的合法权益实施管理和保护的法律资格。对于处于父母保护之下的未成年人来讲，法律已详细规定了父母和子女之间的权利义务，这些未成年人的监护权人就是他的父母。无父母或父母不能行使亲权以及被宣告为无行为能力或行为能力受到限制人的人身和财产受到他人保护的权利也是监护权。目前我国法律中规定的被监护人有两类：一是无行为能力或限制行为能力的未成年人；二是不能辨认自己行为或不能完全辨认自己行为的

1

精神病人。

2. 监护制度具有如下作用：①监护制度使无民事行为能力和限制民事行为能力的公民的民事权利能力得到真正的实现。监护制度赋予监护人代理被监护人进行民事活动的权利，解决了无民事行为能力人和限制民事行为能力人在民事行为能力方面的困难，从而使公民的民事权利能力得以顺利实现。②监护制度使无民事行为能力和限制民事行为能力的公民的民事行为能力得到弥补，使其合法的民事权益得到有效的保护。③监护制度有利于稳定社会的正常秩序。监护制度要求监护人对无民事行为能力人和限制民事行为能力人加以监督和管束，以防止他们实施违法行为，从而有利于社会秩序的稳定。

3. 未成年人监护人的设定有两种方式：法定监护和指定监护。

（1）法定监护。法定监护人主要有：①未成年人的父母是未成年人的监护人。《中华人民共和国民法通则》（以下简称《民法通则》）规定，无民事行为能力人、限制民事行为能力人的监护人是他的法定代理人。未成年人的父母是其自然的监护人，这种监护资格因未成年人的出生而开始。②夫妻离婚后，孩子的父母仍都是监护人，与子女共同生活的一方无权取消对方对孩子的监护权，但以下情况除外：未与该子女共同生活的一方，对该子女有犯罪、虐待行为或者对该子女明显不利的；人民法院认为可以取消监护权的。③未成年人的父母已经死亡或者没有监护能力的，由下列人员中有监护能力的人担任监护人：祖父母、外祖父母；兄、姐；关系密切的其他亲属、朋友愿意承担监护责任，经未成年人的父、母的所在单位或者未成年人住所地的居民委员会、村民委员会同意的。

（2）指定监护。指定监护指没有法定监护人，或者对担任监护人有争议的，监护人由有关部门或人民法院指定而设置的监护。

《民法通则》第 16 条规定，对担任监护人有争议的，由未成年人的父、母的所在单位或者未成年人住所地的居民委员会、村民委员会在近亲属中指定。对指定不服提起诉讼的，由人民法院裁决。

4. 根据有关法律和司法解释的规定，监护人应承担的职责是：①保护被监护人的身体健康；②照顾被监护人的生活；③管理和保护被监护人的财产；④代理被监护人进行民事活动；⑤对被监护人进行管束和教育；⑥在被监护人合法权益受到侵害或者与人发生争议时，代理其进行诉讼；⑦承担因不履行监护职责致使被监护人实施侵权行为而给他人造成损害的赔偿责任，且其他有监护资格的人或单位可起诉追究其责任或撤销其资格。

根据最高人民法院《关于适用〈中华人民共和国民法通则〉若干问题的意见（试行）》第 20 条的规定，监护人不履行监护职责，或者侵害了被监护人的合法权益，其他有监护资格的人或者单位向人民法院起诉，要求监护人承担民事责任的，按照普通程序审理；要求变更监护关系的，按照特别程序审理；既要求承担民事责任，又要求变更监护关系的，分别审理。其他有监护资格的人或者单位是指：①未成年人的父母；祖父母、外祖父母；兄、姐；关系密切的其他亲属、朋友愿意承担监护责任，经未成年人的父、母的所在单位或者未成年人住所地的居民委员会、村民委员会同意的；②精神病人的配偶；父母；成年子女；其他近亲属；关系密切的其他亲属、朋友愿意承担监护责任，经精神病人的所在单位或者住所地的居民委员会、村民委员会同意的。

夫妻离婚后，与子女共同生活的一方无权取消对方对该子女的监护权；但是，未与该子女共同生活的一方，对该子女有犯罪行为、虐待行为或者对该子女明显不利的，人民法院认为可以取消的除外。

监护人可以将监护职责部分或者全部委托给他人。因被监护人的侵权行为需要承担民事责任的，应当由监护人承担，但另有约定的除外；被委托人确有过错的，负连带责任。

夫妻一方死亡后，另一方将子女送给他人收养，如收养对子女的健康成长并无不利，又办了合法收养手续的，认定收养关系成立；其他有监护资格的人不得以收养未经其同意而主张收养关系无效。

本事例中，小王的父母是他的法定监护人，在小王的父母死亡后，村委会指定了小王的表姑作为小王的监护人，此时，小王的表姑作为小王的监护人就应该履行监护人的责任。但是，她对小王根本就不管，有时候还无故殴打小王，对小王的生活造成了严重的影响，继续由其监护小王会对小王的生活不利，所以，小王的表姑不适宜继续担任小王的监护人，村委会应该向法院起诉，要求变更小王的监护关系。

法津依据

《中华人民共和国民法通则》

第16条："未成年人的父母是未成年人的监护人。

未成年人的父母已经死亡或者没有监护能力的，由下列人员中有监护能力的人担任监护人：

（一）祖父母、外祖父母；

（二）兄、姐；

（三）关系密切的其他亲属、朋友愿意承担监护责任，经未成年人的父、母的所在单位或者未成年人住所地的居民委员会、村民委员会同意的。

对担任监护人有争议的，由未成年人的父、母的所在单位或者未成年人住所地的居民委员会、村民委员会在近亲属中指定。对指定不服提起诉讼的，由人民法院裁决。

没有第一款、第二款规定的监护人的，由未成年人的父、母的所在单位或者未成年人住所地的居民委员会、村民委员会或者民政部门担任监护人。"

第18条："监护人应当履行监护职责，保护被监护人的人身、财产及其他合法权益，除为被监护人的利益外，不得处理被监护人的财产。

监护人依法履行监护的权利，受法律保护。

监护人不履行监护职责或者侵害被监护人的合法权益的，应当承担责任；给被监护人造成财产损失的，应当赔偿损失。人民法院可以根据有关人员或者有关单位的申请，撤销监护人的资格。"

《中华人民共和国未成年人保护法》

第10条："父母或者其他监护人应当创造良好、和睦的家庭环境，依法履行对未成年人的监护职责和抚养义务。

禁止对未成年人实施家庭暴力，禁止虐待、遗弃未成年人，禁止溺婴和其他残害婴儿的行为，不得歧视女性未成年人或者有残疾的未成年人。"

第11条："父母或者其他监护人应当关注未成年人的生理、心理状况和行为习惯，以健康的思想、良好的品行和适当的方法教育和影响未成年人，引导未成年人进行有益身心健康的活动，预防和制止未成年人吸烟、酗酒、流浪、沉迷网络以及赌博、吸毒、卖淫等行为。"

第12条："父母或者其他监护人应当学习家庭教育知识，正确履行监护职责，抚养教育未成年人。

有关国家机关和社会组织应当为未成年人的父母或者其他监护人提供家庭教育指导。"

第13条："父母或者其他监护人应当尊重未成年人受教育的

权利，必须使适龄未成年人依法入学接受并完成义务教育，不得使接受义务教育的未成年人辍学。"

第14条："父母或者其他监护人应当根据未成年人的年龄和智力发展状况，在作出与未成年人权益有关的决定时告知其本人，并听取他们的意见。"

第15条："父母或者其他监护人不得允许或者迫使未成年人结婚，不得为未成年人订立婚约。"

第16条："父母因外出务工或者其他原因不能履行对未成年人监护职责的，应当委托有监护能力的其他成年人代为监护。"

《中华人民共和国妇女权益保障法》

第18条："父母或者其他监护人必须履行保障适龄女性儿童少年接受义务教育的义务。

除因疾病或者其他特殊情况经当地人民政府批准的以外，对不送适龄女性儿童少年入学的父母或者其他监护人，由当地人民政府予以批评教育，并采取有效措施，责令送适龄女性儿童少年入学。

政府、社会、学校应当采取有效措施，解决适龄女性儿童少年就学存在的实际困难，并创造条件，保证贫困、残疾和流动人口中的适龄女性儿童少年完成义务教育。"

第49条："父母双方对未成年子女享有平等的监护权。

父亲死亡、丧失行为能力或者有其他情形不能担任未成年子女的监护人的，母亲的监护权任何人不得干涉。"

最高人民法院《关于贯彻执行〈中华人民共和国民法通则〉若干问题的意见（试行）》

第10条："监护人的监护职责包括：保护被监护人的身体健康，照顾被监护人的生活，管理和保护被监护人的财产，代理被监护人进行民事活动，对被监护人进行管理和教育，在被监护人合法权益受到侵害或者与人发生争议时，代理其进行诉讼。"

第 11 条："认定监护人的监护能力，应当根据监护人的身体健康状况、经济条件，以及与被监护人在生活上的联系状况等因素确定。"

第 12 条："民法通则中规定的近亲属，包括配偶、父母、子女、兄弟姐妹、祖父母、外祖父母、孙子女、外孙子女。"

第 13 条："为患有精神病的未成年人设定监护人，适用民法通则第十六条的规定。"

第 14 条："人民法院指定监护人时，可以将民法通则第十六条第二款中的（一）、（二）、（三）项或者第十七条第一款中的（一）、（二）、（三）、（四）、（五）项规定视为指定监护人的顺序。前一顺序有监护资格的人无监护能力或者对被监护人明显不利的，人民法院可以根据对被监护人有利的原则，从后一顺序有监护资格的人中择优确定。被监护人有识别能力的，应视情况征求被监护人的意见。

监护人可以是一人，也可以是同一顺序中的数人。"

第 15 条："有监护资格的人之间协议确定监护人的，应当由协议确定的监护人对被监护人承担监护责任。"

第 16 条："对于担任监护人有争议的，应当按照民法通则第十六条第三款或者第十七条第二款的规定，由有关组织予以指定。未经指定而向人民法院起诉的，人民法院不予受理。"

第 17 条："有关组织依照民法通则规定指定监护人，以书面或者口头通知了被指定人的，应当认定指定成立。被指定人不服的，应当在接到通知的次日起三十日内向人民法院起诉。逾期起诉的，按变更监护关系处理。"

第 18 条："监护人被指定后，不得自行变更。擅自变更的，由原被指定的监护人和变更后的监护人承担监护责任。"

第19条："被指定人对指定不服提起诉讼的，人民法院应当根据本意见第十四条的规定，作出维持或者撤销指定监护人的判决。如果判决是撤销原指定的，可以同时另行指定监护人。此类案件，比照民事诉讼法（试行）规定的特别程序进行审理。

在人民法院作出判决前的监护责任，一般应当按照指定监护人的顺序，由有监护资格的人承担。"

第20条："监护人不履行监护职责，或者侵害了被监护人的合法权益，民法通则第十六条、第十七条规定的其他有监护资格的人或者单位向人民法院起诉，要求监护人承担民事责任的，按照普通程序审理；要求变更监护关系的，按照特别程序审理；既要求承担民事责任，又要求变更监护关系的，分别审理。"

第21条："夫妻离婚后，与子女共同生活的一方无权取消对方对该子女的监护权，但是，未与该子女共同生活的一方，对该子女有犯罪行为、虐待行为或者对该子女明显不利的，人民法院认为可以取消的除外。"

第22条："监护人可以将监护职责部分或者全部委托给他人。因被监护人的侵权行为需要承担民事责任的，应当由监护人承担，但另有约定的除外；被委托人确有过错的，负连带责任。"

第23条："夫妻一方死亡后，另一方将子女送给他人收养，如收养对子女的健康成长并无不利，又办了合法收养手续的，认定收养关系成立；其他有监护资格的人不得以收养未经其同意而主张收养关系无效。"

2 留守儿童将贵重财产赠与他人的行为是否有效?

典型事例

小王今年 11 岁,父母常年在外打工,自己跟奶奶生活,是一个留守儿童。一天,小王将自己家的价值 2500 元的电视机送给了本村修理电视机的老李。小王的奶奶知道后,向老李索要电视机,但是老李坚持说电视机是小王送给自己的,不能再要回去。

法律分析

1.《民法通则》第 55 条规定,行为人具有相应的民事行为能力是民事法律行为有效的必备要件之一。合同作为一种民事法律行为也必须要求合同当事人具有相应的民事行为能力。限制民事行为能力人所签订的合同从主体资格上讲是有瑕疵的,因为当事人缺乏完全的缔约能力、代签合同的资格和处分能力,将此类合同列入了效力待定合同中,是基于以下几点考虑:

(1) 此类合同与无效合同和可撤销合同不同,它并非因为当事人故意违反法律的强制性规定及社会公共利益,也不是因为当事人意思表示不真实而导致合同可撤销,主要是因为当事人缺乏完全的缔约能力和处分能力而造成的。

(2) 这类合同可经限制民事行为能力人的法定代理人的承认而生效,这种承认表明限制民事行为能力人所签的合同是符合权利人利益的。

(3) 有利于促成更多交易,也有利于维护相对人的利益。因为相对人与限制民事行为能力人订立合同,总是希望合同有效,并且通过有效合同的履行使自己获得期待的利益,因此,通过法定代理人的追认使效力待定合同生效，而不是简单地宣告这种合同无效，是符合相对人利益的。

2. 限制民事行为能力人签订的合同要具有效力，一个最重要的条件就是要经过其法定代理人的追认，这种合同一旦经过法定代理人的追认就具有法律效力，在没有经过追认前，该合同虽然成立，但是并没有实际生效。所谓追认，是指法定代理人明确无误地表示同意限制民事行为能力人与他人签订的合同。这种同意是一种单方意思表示，无须合同的相对人同意即可发生效力。这里需要强调的是，法定代理人的追认应当以明示的方式作出，并且应当为合同的相对人所了解，才能产生效力。特别指出的有两点：①法定代理人以行动自愿履行合同的行为也可视为法定代理人对合同的追认；②法定代理人的追认必须是无条件的，法定代理人不得对合同的追认附加任何条件，除非经合同相对人的同意。

3. 对于限制民事行为能力人签订的合同，并非所有的都必须经过法定代理人的追认。

（1）限制民事行为能力人签订的纯获利益的合同，不必经法定代理人追认就具有法律效力。所谓"纯获利益"在我国一般是指限制民事行为能力人在某合同中只享有权利或者利益，不承担任何义务，如限制民事行为能力人接受奖励、赠与、报酬等，对于这些纯获利益的合同，他人不得以行为人的限制民事行为能力为由，主张该合同不具有效力。

（2）限制民事行为能力人也可独立订立与其年龄、智力、精神健康相适应的合同，这类合同一般是日常生活方面的合同，如购买书本、乘坐交通工具等；对于不能完全辨认其行为的精神病人在其健康状况允许时，可订立某些合同，而不经法定代理人追认。除此之外，限制民事行为能力人订立的合同必须经过其法定代理人的同意后才具有法律效力。

本事例中,小王是 11 岁的留守儿童,在法律上是限制民事行为能力人,依据法律的规定,其签订的合同不必经法定代理人追认就具有法律效力只在以下两种情形下适用:第一种是限制民事行为能力人签订的纯获利益的合同不必经法定代理人追认就具有法律效力;第二种是限制民事行为能力人可独立订立的与其年龄、智力、精神健康相适应的合同不必经法定代理人追认就具有法律效力。除此之外的合同均要征得小王的法定代理人的同意。本事例中,小王的父母常年在外打工,小王的奶奶就是小王的监护人,所以,小王将自家的价值 2500 元的电视机赠送给老李的行为需征得小王奶奶的事后追认,既然小王的奶奶不进行追认,那么老李就无权获得小王的电视机,应该返还给小王的奶奶。

4. 法律上为了维护相对人的利益,作出如下规定:

(1)规定合同的相对人可以催告限制民事行为能力人的法定代理人在一个月内予以追认。法定代理人未作表示的,视为拒绝追认。所谓"催告"就是指合同的相对人要求法定代理人在一定时间内明确答复是否承认限制民事行为能力人所签订的合同,法定代理人逾期不作表示的,视为法定代理人拒绝追认。设立相对人的催告权,可以避免限制民事行为能力人签订的合同长期处于不确定状态,从而维护相对人的利益。但是相对人的催告应当用明示的方式作出,同时,相对人在催告中一般要设定一个期限,即一个月为限。超过这个期限,法定代理人不作答复的,则视为拒绝追认。

(2)还规定了相对人有撤销合同的权利。这里的撤销权,是指合同的相对人在法定代理人未追认限制民事行为能力人所签订的合同之前,撤销自己对限制民事行为能力人作出的意思表示。在此类合同中,如果仅有法定代理人的追认权,而没有相对人的撤销权,那么,相对人在法定代理人作出追认前,就不能根据自己的利益来进行选择，只能被动地依赖法定代理人的追认或者否认，这对相对人是很不公平的。设立相对人的撤销权，正是为了使相对人与法定代理人能有同等的机会来处理这类效力待定合同的效力。但是相对人撤销这类合同必须要满足以下条件：①撤销的意思表示必须是在法定代理人追认之前作出，对于法定代理人已经追认的合同，相对人不得撤销；②只有善意的相对人才可以做出撤销合同的行为，所谓"善意"，这里是指合同的相对人在签订合同之时并不知道或者也不可能知道对方是限制民事行为能力人，倘若相对人明知对方是限制民事行为能力人而仍然与对方签订合同，那么相对人就没有撤销合同的权利；③相对人作出撤销的意思表示时应当以通知的方式作出，任何默示的方式都不构成对此类合同的撤销。

法律依据

《中华人民共和国民法通则》

第 11 条："十八周岁以上的公民是成年人，具有完全民事行为能力，可以独立进行民事活动，是完全民事行为能力人。

十六周岁以上不满十八周岁的公民，以自己的劳动收入为主要生活来源的，视为完全民事行为能力人。"

第 12 条："十周岁以上的未成年人是限制民事行为能力人，可以进行与他的年龄、智力相适应的民事活动；其他民事活动由他的法定代理人代理，或者征得他的法定代理人的同意。

不满十周岁的未成年人是无民事行为能力人，由他的法定代理人代理民事活动。"

第 13 条："不能辨认自己行为的精神病人是无民事行为能力人，由他的法定代理人代理民事活动。

不能完全辨认自己行为的精神病人是限制民事行为能力人，

可以进行与他的精神健康状况相适应的民事活动；其他民事活动由他的法定代理人代理，或者征得他的法定代理人的同意。"

《中华人民共和国合同法》

第 47 条："限制民事行为能力人订立的合同，经法定代理人追认后，该合同有效，但纯获利益的合同或者与其年龄、智力、精神健康状况相适应而订立的合同，不必经法定代理人追认。

相对人可以催告法定代理人在一个月内予以追认。法定代理人未作表示的，视为拒绝追认。合同被追认之前，善意相对人有撤销的权利。撤销应当以通知的方式作出。"

最高人民法院《关于贯彻执行〈中华人民共和国民法通则〉若干问题的意见（试行）》

第 2 条："十六周岁以上不满十八周岁的公民，能够以自己的劳动取得收入，并能维持当地群众一般生活水平的，可以认定为以自己的劳动收入为主要生活来源的完全民事行为能力人。"

第 3 条："十周岁以上的未成年人进行的民事活动是否与其年龄、智力状况相适应，可以从行为与本人生活相关联的程度、本人的智力能否理解其行为，并预见相应的行为后果，以及行为标的数额等方面认定。"

第 4 条："不能完全辨认自己行为的精神病人进行的民事活动，是否与其精神健康状态相适应，可以从行为与本人生活相关联的程度、本人的精神状态能否理解其行为，并预见相应的行为后果，以及行为标的数额等方面认定。"

3 | 农村留守儿童享有哪些人身权利？

典型事例

小王的父母为了生计，在城里打工。小王跟自己的爷爷一起生活。2012 年的一天，小王在和同村的其他孩子玩耍时被骂是野孩子并且被打伤，小王的爷爷花去医药费 200 元。很是生气的爷爷找到打人的孩子家长理论，反倒被赶出门，小王爷爷不知如何才能替孙子出气。

法律分析

人身权利又称人身非财产权，是指与人身直接相关而没有经济内容的权益，是公民基本权利的重要部分，包括生命健康不受侵犯，人身自由不受侵犯，人格尊严不受侵犯，住宅不受侵犯，通信自由和通信秘密不受侵犯等。具体来说，人身权利主要包括人格权、身份权、人身自由权、生命健康权和人格尊严权，人格尊严又包括肖像权、名誉权、荣誉权、姓名权和隐私权等。

1. 人身自由权，通称"自由权"。人身自由权是权利主体在法律范围内自主支配行动的权利，是行动自由权，应称行动权。行动是主体的物质性人身要素，行动权是物质性人格权。行动资格是物质性人格要素。人身是各人身要素的总和，是全部人身权的客体，不是行动权的客体。因此，把权利人自主支配行动的权利称为人身自由权并不确切，但这一名称已十分普及。从法理上说，"行动权"可分为非民事行动权和民事行动权。传统民法把"自由权"分为公法自由权和私法自由权，大致相当。政治行动权是政治领域的人格权，包括言论自由权、出版自由权、结社自由权、集会游行示威自由权、宗教信仰自由权，不属民事权利。民法中的行动权指民事行动权。

2. 公民的生命健康权及人格尊严权。

（1）生命健康权。《民法通则》第98条规定："公民享有生命健康权。"

（2）姓名权。《民法通则》第99条第1款规定："公民享有姓名权，有权决定、使用和依照规定改变自己的姓名，禁止他人干涉、盗用、假冒。"

（3）肖像权。《民法通则》第100条规定："公民享有肖像权，未经本人同意，不得以营利为目的使用公民的肖像。"所谓"以营利为目的"，是指使用他人的肖像来达到自己一定的经济目的，如未经本人同意，将其照片陈列在照相馆的橱窗内，或用来做广告、商标等等。最高人民法院《关于贯彻执行〈中华人民共和国民法通则〉若干问题的意见（试行）》第139条规定："以营利为目的，未经公民同意利用其肖像做广告、商标、装饰橱窗等，应当认定为侵犯公民肖像权的行为。"

（4）名誉权。《民法通则》第101条规定："公民、法人享有名誉权，公民的人格尊严受法律保护，禁止用侮辱、诽谤等方式损害公民、法人的名誉。"以书面、口头等形式宣扬他人隐私，或者捏造事实公然丑化他人人格，以及用侮辱、诽谤等方式损害他人名誉造成一定影响的，应当认定为侵害公民名誉权的行为。公民应掌握认定侵害名誉权行为的依据。侵害名誉权，主要表现为侮辱和诽谤两种方式：

侮辱是指用暴力或口头、文字等方式公然侮辱他人，损害他人的人格尊严。侮辱行为的构成须具备以下要件：首先，在主观上侵权人是故意的，也就是有意识地要损害他人名誉、人格。如果是无意中说了有损于他人名誉、人格的话，并非故意侮辱的，不构成侮辱行为。其次，在客观上侵权人实施了引起他人精神痛苦和屈辱的言辞或行为。再次，侮辱行为必须具有公然性，即有第三人或更多的人在场或者用能够使众多的人看到或听到的方式进行侮辱。最后，侮辱行为须具有针对性，即侮辱行为是针对特定的人实行的。如果在公共场所无目标的谩骂，无针对性，不构成侮辱行为。

诽谤是指无中生有，捏造事实，破坏他人名誉、人格的行为。诽谤行为必须注意以下几个条件：其一，诽谤人在主观上必须具有过错，它包括故意和过失这两种心态；其二，在客观上侵权人实施了足以使他人名誉受到损害的行为，它包括以捏造、夸大和歪曲事实的行为来降低对该公民的社会评价；其三，诽谤行为具有公然性和针对性。

（5）荣誉权。公民的荣誉权是指公民在学习、生产、工作、作战等方面成绩显著而获得的光荣称号。《民法通则》第102条规定："公民、法人享有荣誉权，禁止非法剥夺公民、法人的荣誉称号。"

（6）婚姻自主权。《民法通则》第103条规定："公民享有婚姻自主权，禁止买卖、包办婚姻和其他干涉婚姻自由的行为。"

3. 在侵害人身权的民事责任构成中，由于侵害人身权行为的特殊性，法律对主观过错有特别要求。具体要求如下：

（1）侵害身体权、健康权、生命权，有过错就应负责，不论是故意还是过失；出现法律规定的特殊情形的，没有过错亦应承担责任。

（2）侵害姓名权、名称权，包括非法干涉他人行使姓名权、名称权以及非法使用他人姓名、名称等，必须是故意的，才承担责任，过失不构成侵权。

（3）侵害肖像权、婚姻自主权，侵权行为人也仅仅就故意负责。

（4）侵害名誉权、隐私权、信用权，应区分不同情况对主观过错作不同要求。

（5）侵害身份权，无论是故意还是过失，都应承担侵权责任；但如果是非法干涉身份权的，只有故意才构成侵权。

4. 侵犯公民人身权利的责任承担：法律是神圣的，不管是什么人，如果不惜"以身试法"，肆意践踏公民的人身权利，触犯刑律，那么，他就必须受到法律的制裁。

（1）侵犯公民人身权利严重的可能受到刑罚处罚。例如：①侵犯他人生命的犯罪，包括：故意杀人罪和过失杀人罪；②侵犯他人身体健康的犯罪，包括：故意伤害罪和过失致人重伤罪；③侵犯妇女身心健康的犯罪，包括：强奸罪，奸淫幼女罪，强迫妇女卖淫罪；④侵犯他人人身自由的犯罪，包括：非法拘禁罪，非法管制罪，拐卖人口罪；⑤侵犯他人人格名誉的犯罪，包括：诬告陷害罪，侮辱罪，诽谤罪，伪证罪，隐匿罪证罪；⑥侵犯涉及有关人身权利的犯罪，包括：刑讯逼供罪，非法搜查罪，非法侵入他人住宅罪，聚众"打砸抢"罪，因刑讯逼供、聚众打砸抢致人重伤、死亡的，以伤害、杀人罪（包括过失）论处。

（2）侵害公民的姓名权、肖像权、名誉权、荣誉权的，根据《民法通则》第120条的规定，必须承担停止侵害，恢复名誉，消除影响，赔礼道歉，赔偿损失的民事责任。

人格权是以留守儿童依法固有的人格利益为客体，以维护和实现人格平等、人格尊严、人身自由为目标的权利。由于留守儿童的认识能力和意识能力尚未完全成熟，因此，其精神性人格权对大多数留守儿童而言难以得到彰显，但是其物质性人格权是不能在任何情况下受到限制和减少的。物质性人格权包括生命权、身体权和健康权，留守儿童对其生命、身体和健康等物质性人格要素享有不可转让的支配权。正是这种权利的基本性、绝对性和非可减性，才使得留守儿童的物质性人格权益保护问题较一般儿童更值得关注。本事例中，小王被打，其生命健康权受到侵害，首先，小王的监护人爷爷依据最高人民法院《关于审理人身损害赔偿案件适用法律若干问题的解释》第 1 条 "因生命、健康、身体遭受侵害，赔偿权利人起诉请求赔偿义务人赔偿财产损失和精神损害的，人民法院应予受理"的规定可以向法院起诉要求相应的财产赔偿。同时，如果小王的伤情已经达到了轻伤以上的级别，小王的爷爷可以选择向公安机关报案或者直接向人民法院提起自诉，追究责任人的刑事责任。

法律依据

《中华人民共和国民法通则》

第 98 条："公民享有生命健康权。"

第 99 条："公民享有姓名权，有权决定、使用和依照规定改变自己的姓名，禁止他人干涉、盗用、假冒。

法人、个体工商户、个人合伙享有名称权。企业法人、个体工商户、个人合伙有权使用、依法转让自己的名称。"

第 100 条："公民享有肖像权，未经本人同意，不得以营利为目的使用公民的肖像。"

第 101 条："公民、法人享有名誉权，公民的人格尊严受法律保护，禁止用侮辱、诽谤等方式损害公民、法人的名誉。"

第 102 条："公民、法人享有荣誉权，禁止非法剥夺公民、法人的荣誉称号。"

第 120 条："公民的姓名权、肖像权、名誉权、荣誉权受到侵害的，有权要求停止侵害，恢复名誉，消除影响，赔礼道歉，并可以要求赔偿损失。"

最高人民法院《关于审理人身损害赔偿案件适用法律若干问

题的解释》

第1条:"因生命、健康、身体遭受侵害,赔偿权利人起诉请求赔偿义务人赔偿财产损失和精神损害的,人民法院应予受理。

本条所称'赔偿权利人',是指因侵权行为或者其他致害原因直接遭受人身损害的受害人、依法由受害人承担扶养义务的被扶养人以及死亡受害人的近亲属。

本条所称'赔偿义务人',是指因自己或者他人的侵权行为以及其他致害原因依法应当承担民事责任的自然人、法人或者其他组织。"

《中华人民共和国侵权责任法》

第15条:"承担侵权责任的方式主要有:

(一)停止侵害;

(二)排除妨碍;

(三)消除危险;

(四)返还财产;

(五)恢复原状;

(六)赔偿损失;

(七)赔礼道歉;

(八)消除影响、恢复名誉。

以上承担侵权责任的方式,可以单独适用,也可以合并适用。"

第21条:"侵权行为危及他人人身、财产安全的,被侵权人可以请求侵权人承担停止侵害、排除妨碍、消除危险等侵权责任。"

第22条:"侵害他人人身权益,造成他人严重精神损害的,被侵权人可以请求精神损害赔偿。"

4 留守儿童的受教育权如何保障?

典型事例

小王是农村的一个留守儿童,转眼间到了该上学的年龄了,但是小王的爷爷考虑到小王的父母赚钱养家不容易,小王上学需要缴纳很大一部分学费,于是决定不让小王上学。后来,小王所在的村委会主任找到小王的爷爷说,小王爷爷的做法是违法的,我国实行的是九年制义务教育,每个儿童都应该接受教育。小王的爷爷事后觉得自己做的的确不妥,于是将小王送到学校上学。

法律分析

1. 留守儿童指的是那些父母双方或一方常年在外打工,把其未成年的子女留置在户籍地而产生的一个特殊社会群体。大量留守儿童的出现是我国工业化和城市化发展进程中的必然产物。这些儿童在缺少父母的关爱、引导和教育的情况下,面临着许多学习、家庭、社会和心理问题,这些问题如果不能得到很好的解决,不但会影响到他们将来的生活,还会让中国未来的社会面临着很大的不安定因素。而且随着农村经济制度改革和产业结构的调整,农村外出务工人员逐年增加,农村留守儿童也在逐年增加,同时,农村留守儿童的教育问题也日益突出。受教育权是我国《宪法》赋予公民的权利义务复合型权利,由于留守儿童不具有完全的民事行为能力和民事责任能力,因此,留守儿童是受教育权的权利主体,父母、实际监护人、学校、老师等能够直接或间接影响其受教育权的主体均为义务主体。为了改善家庭生活,越来越多的农民离开了土地,外出务工谋生。他们希望自己的生活越来越好,也希望给下一代成长提供更充裕的经济支持。但在外出务工与子女就学、教育之间产生冲突时，他们往往选择前者。这其中，既有生活压力的原因，也有教育意识的原因。一方面，从家庭的认识来看，在经济收入与子女教育之间取舍失衡。另一方面是由于外出务工农民收入普遍偏低，无法负担子女在务工所在地的教育费用。近年来，尽管在农民工子女入学问题方面政策有所改革，但由于务工所在地生活水平高，农民工工资相对较低，仍然难以负担孩子的生活教育费用，他们还是无法很好地将子女带在身边。

2. 义务教育，是根据宪法规定，适龄儿童和青少年都必须接受，国家、社会、家庭必须予以保证的国民教育，其实质是国家依照法律的规定对适龄儿童和青少年实施的一定年限的强迫教育的制度。义务教育又称强迫教育和免费义务教育。义务教育具有强制性、公益性、普及性的基本特点。我国《义务教育法》规定的义务教育年限为九年（小学六年，初中三年），这一规定符合我国的基本国情，是适当的。学制九年的规定是当前我国义务教育制度的重要内容，具体应该从以下方面理解：

（1）义务教育是公益性事业。实施义务教育的学校和其他教育机构不以营利为目的，属于非营利性组织。无论是政府举办的公办学校，还是国家机构以外的社会组织和个人利用非国家财政性经费举办的民办学校，均应当保障义务教育的公益性。

（2）义务教育是所有适龄儿童、少年必须接受的教育。这是义务教育强制性的体现。强制所有适龄儿童、少年必须接受义务教育，是为了更好地保护儿童、少年的权利。本事例中，小王的爷爷不让小王上学的行为就是违反了相关法律的规定，侵犯了小王的受教育权。

（3）义务教育由国家统一实施并且必须予以保障。义务教育由国家统一实施，体现了义务教育的统一性。其统一性体现在以下几个方面：

第一，全国实施义务教育的统一性。实施九年义务教育不受地域、经济水平以及个体差异的影响，凡是具有中华人民共和国国籍的适龄儿童、少年在中华人民共和国境内都有接受义务教育的权利和义务。

第二，课程设置和课程标准是统一的。即使实行"一纲多本"，对学生在不同课程上基本的知识点的掌握和基本能力培养的要求也是统一的，从而能够保证义务教育的基本质量，使处于不同地区、不同学校的学生能够得到国家规定的基本质量保障的义务教育。

第三，教师质量和配置要求的统一性。从事义务教育的教师，应当取得国家规定的教师资格。而每个学校配置多少名教师，需要根据国家统一制定的教职工编制标准来确定。

第四，义务教育学校的设置应当符合国家规定的办学标准，其中包括选址要求和建设标准；学校设置应当遵循适应教育教学需要、确保学生和教职工安全的基本原则。学校的设置规划统一由县级以上地方人民政府制定、调整。

第五，义务教育实行在国务院领导下，省级人民政府统筹规划、县级人民政府为主管理的体制。县级以上人民政府教育行政部门具体负责义务教育实施工作，县级以上人民政府其他有关部门在各自的职责范围内负责义务教育实施工作。在明确管理体制的同时，法律对各级人民政府及其有关部门的职责做出了具体明确规定，将全国义务教育纳入各级政府的实施和管理职责中，从而对义务教育的统一实施提供了政府保障。

第六，对义务教育的财政支持也体现了统一性。政府将按照教职工编制标准、工资标准、学校建设标准、学生人均公用经费标准等，及时足额拨付义务教育经费，确保实施义务教育的各项基本条件。财政拨款标准体现了义务教育的统一性，同时也是国家保障的最根本的体现。

3. 关于国家建立义务教育经费保障机制的规定。《义务教育法》"经费保障"专章规定了经费保障的目标和各级人民政府关于经费保障的职责,为全面构建由各级人民政府根据职责共同负担的义务教育经费保障机制奠定了法治框架,为国务院制定义务教育经费保障的具体办法提供了法律依据,从而从根本上保障义务教育的实施。国家在保障义务教育方面的规定如下:

(1) 凡具有中华人民共和国国籍、随父母或者其他法定监护人共同在中国居住、在新学年开始前也即在每年 9 月 1 日前年满 6 周岁的儿童、少年,必须由其父母或者其他法定监护人送其到小学接受义务教育,并保证该儿童、少年完成义务教育阶段的学业。使自己适龄的子女按时入学接受义务教育,不仅是父母或者其他法定监护人对子女或者被监护人应尽的责任,也是对国家和社会应尽的法律义务。这也是《宪法》第49条第3款"父母有抚养教育未成年子女的义务"的具体体现。

(2) 适龄儿童、少年可以延缓入学的情况,有以下几种:入学前身体确实患有影响正常上学的各种疾病,需要治愈后再入学的;身体残疾如盲、聋、哑、弱智,需要延缓入学的;由于身体瘦小、体质较弱而又离家较远或需要寄宿而又无生活自理能力的等。对于肢残、智残的儿童、少年接受义务教育入学的年龄,可予以适当放宽;因疾病原因延缓入学的,可以适当推迟入学年龄。在义务教育阶段学习的儿童、少年因身体原因需要休学的,只在患病确实影响到一段时期正常学习、需要中断学业的情况下才会发生。此种疾病一经治愈、身体康复并能坚持学习,其父母或者其他法定监护人就要及时送其到学校就读。

适龄儿童、少年因身体原因需要延缓入学或者休学的,其提出申请的人员应当是负有法定权利和义务的父母或者其他法定监护人。他们在提出申请时必须附具县级及其以上教育行政部门指定的医疗机构检查的证明。同意延缓入学或者休学的部门，既可以是当地的乡镇一级的人民政府，也可以由县级教育行政部门批准。乡级人民政府对义务教育的实施负主要责任，县级教育行政部门对实施义务教育进行具体管理。这主要出于便民原则，有利于适龄儿童、少年的父母或者其他法定监护人就近、便捷地提出申请。

（3）定期对监护人开展法制宣传教育。留守儿童的父母背井离乡异地务工，他们无法承担起作为父母的第一监护人的责任，于是就有了临时监护人、受托监护人等。这些监护人的责任心不是很强，或者他们本身的思想道德法律素质境界也不是很高，甚至似是而非，自己就没有掌握何是合法，何是非法。因此，他们需要我们开展再教育活动。只有这些监护人的法律素质增强了，道德水平提高了，才能对留守儿童起到言传身教的作用，同时保障留守儿童接受义务教育的权益。

法律依据

《中华人民共和国宪法》第 46 条："中华人民共和国公民有受教育的权利和义务。

国家培养青年、少年、儿童在品德、智力、体质等方面全面发展。"

《中华人民共和国义务教育法》

第 2 条："国家实行九年义务教育制度。

义务教育是国家统一实施的所有适龄儿童、少年必须接受的教育，是国家必须予以保障的公益性事业。

实施义务教育，不收学费、杂费。

国家建立义务教育经费保障机制，保证义务教育制度实施。"

第4条："凡具有中华人民共和国国籍的适龄儿童、少年，不分性别、民族、种族、家庭财产状况、宗教信仰等，依法享有平等接受义务教育的权利，并履行接受义务教育的义务。"

第5条："各级人民政府及其有关部门应当履行本法规定的各项职责，保障适龄儿童、少年接受义务教育的权利。

适龄儿童、少年的父母或者其他法定监护人应当依法保证其按时入学接受并完成义务教育。

依法实施义务教育的学校应当按照规定标准完成教育教学任务，保证教育教学质量。

社会组织和个人应当为适龄儿童、少年接受义务教育创造良好的环境。"

第11条："凡年满六周岁的儿童，其父母或者其他法定监护人应当送其入学接受并完成义务教育；条件不具备的地区的儿童，可以推迟到七周岁。

适龄儿童、少年因身体状况需要延缓入学或者休学的，其父母或者其他法定监护人应当提出申请，由当地乡镇人民政府或者县级人民政府教育行政部门批准。"

5 留守儿童遭受人身损害，损害赔偿如何计算？

典型事例

小王是一个10岁的留守儿童，一直在爷爷的照顾下生活。2013年12月3日，小王被路过村庄的汽车撞伤，父母辞掉工作赶回来照顾小王3个月。小王父母现在正在与肇事者打官司，希望在最大程度上依法维护孩子的合法权益。

法律分析

人身损害赔偿，是指自然人的生命、健康、身体受到不法侵害，造成伤害、残疾、死亡及精神损害，要求赔偿义务人以财产进行赔偿的侵权法律制度。人身损害赔偿的权利主体是自然人，客体是身体健康权或生命权，赔偿的方式是财产赔偿，赔偿的义务人是致人损害的致害方。人身损害赔偿范围，根据最高人民法院《关于审理人身损害赔偿案件适用法律若干问题的解释》第17条、《侵权责任法》第16条的规定，包括：医疗费、误工费、护理费、交通费、住宿费、住院伙食补助费、必要的营养费、残疾赔偿金、残疾辅助器具费、被扶养人生活费、康复费、护理费、后续治疗费、丧葬费、死亡补偿费、受害人亲属办理丧葬事宜支出的交通费、住宿费和误工损失等其他合理费用、精神损害抚慰金等。实践中，各种费用的赔偿标准以及方式是人们关心的问题，现总结如下：

1. 医疗费：医疗费根据医疗机构出具的医药费、住院费等收款凭证，结合病历和诊断证明等相关证据确定。赔偿义务人对治疗的必要性和合理性有异议的，应当承担相应的举证责任。医疗费的赔偿数额，按照一审法庭辩论终结前实际发生的数额确定。器官功能恢复训练所必要的康复费、适当的整容费以及其他后续治疗费，赔偿权利人可以待实际发生后另行起诉。但根据医疗证明或者鉴定结论确定必然发生的费用，可以与已经发生的医疗费一并予以赔偿。医药治疗费的赔偿，一般应以所在地治疗医院（所在地治疗医院，一般是指距离受害人住所或侵权行为发生地较近的医院）的诊断证明和医药费、治疗费、住院费的单据或病历、处方认定。必要时，可以委托法医予以鉴定。

还应该注意的问题是：受害人先后到数个距离基本相等的医院治疗的，一般应认定最先就诊医院的医疗费，但该医院治疗失误或有其他特殊情况的除外；应经医务部门批准而未获准擅自另找医院治疗的费用，一般不予赔偿；受害人重复检查同一科目而结果相同的，原则上应仅认定首次的检查费用，但治疗医院确需再行检查的除外。如检查结果不一致，确诊之前的检查费用均应认定；受害人擅自购买与损害无关的药品或治疗其他疾病的，其费用不予赔偿；受害人确需住院治疗或观察的，其费用应予赔偿。但出院通知下达后故意拖延，或治疗与损害无关的疾病而延长住院时间的，其延长期间的住院费不予赔偿；受害人进行与损害有关的必要的补救性治疗的费用，应予赔偿；在诉讼过程中，治疗尚未结束的，除对已经治疗的费用赔偿外，对尚需继续治疗的费用，经有关医疗机构证明或者经调解双方达成协议的，可以一次性给付，也可以依照《民事诉讼法》的有关规定，告知受害人在治疗结束后另行起诉。

2. 误工费：误工费根据受害人的误工时间和收入状况确定。计算公式为：误工费赔偿金额＝误工收入（元/月）×误工时间。误工时间根据受害人接受治疗的医疗机构出具的证明确定。受害人因伤致残持续误工的，误工时间可以计算至定残日前一天。受害人误工日期，应当按其实际损害程度、恢复状况并参照法医鉴定或者治疗医院出具的证明等认定。

受害人的实际误工日期少于休假证明的，应以其实际的误工日期认定；实际误工日期多于休假证明的，一般应当根据休假证明认定；受害人确需休养但无休假证明的，可在征求法医或治疗医院的意见后酌情处理。

受害人有固定收入的，误工费按照实际减少的收入计算。即有固定收入人员的误工费赔偿金额＝正常情况下劳动工作收入－事故受伤后的劳动收入。固定收入，包括工资、奖金及国家规定的补贴、津贴，但不包括特殊工种的补助费。奖金，以受害人上一年度本单位人均奖计算，超出奖金税计征起点的，以计征起点为限。受害人受害前由于自身原因无奖金收入的，奖金不予计算。

受害人无固定收入的，误工费按照其最近三年的平均收入计算，但是受害人不能举证证明其最近三年的平均收入状况的，可以参照受诉法院所在地相同或者相近行业上一年度职工的平均工资计算，或者受害人是承包经营户或个体工商户的，其误工费的赔偿，可以参照受害人前一年的平均收入或者当地同行业、同工种、同等劳动力的平均收入酌定。如依法应向税务机关纳税的，应以税单为据。即无固定收入人员的误工费赔偿金=最近三年收入总和÷3年÷12个月×误工时间，或受诉法院所在地相近行业上一年度职工的平均工资×误工时间。

受害人是另谋职业的离、退休人员的，其误工费的赔偿可以区别以下情况处理：第一，符合政策法律规定的，其实际减少的收入应予赔偿；第二，违反政策法律规定的，其赔偿要求不予支持。

受害人无劳动收入而要求赔偿误工费的，不予支持。如果受害人是家务劳动的主要承担者，因受害确实无法从事家务劳动造成其他家庭成员负担过重的，可酌情予以经济补偿。

受害人的实际收入高于当地居民平均生活费3倍以上的，按照3倍计算。

3. 交通费：受害人到所在地医院治疗或者必须转院治疗的，其本人和必要的护理人员的交通费应予赔偿。交通费用，只能在规定范围内索赔，根据交通事故当事人及其必要的陪护人员委托代理人因就医转院治疗或来队处理交通事故，实际发生的费用计算。交通费应当与就医或处理交通事故的地点、时间、人数、次数相符合。委托代理人一般不超过3人，其费用支出标准一般不超过交通事故发生地国家机关人员出差交通费标准。交通费的赔偿，一般应以公共电（汽）车、火车的硬座、轮船三等以下舱位等的收费标准计算，但伤情危急，交通不便或当地无上述车（船）的除外。交通费的票据应与就医次数相符。票据少于就医次数的，一般可根据实际票据认定；票据多于就医次数的，应以实际就医次数认定。

4. 住宿费：计算公式为：住宿费 = 国家机关一般工作人员出差住宿费标准 × 住宿时间。外地交通事故当事人、委托代理人来队处理交通事故或根据医疗机构意见，受伤的当事人确有必要去外地治疗，因客观原因不能住院，其本人及其陪护人员实际发生的住宿费和伙食费，合理的部分应予计算，但不能超过当地国家机关一般工作人员住宿费标准和出差伙食补助。

5. 营养费：营养费根据受害人伤残情况参照医疗机构的意见确定。经法医鉴定或治疗医院证明，受害人伤情严重，确需补充营养食品作为辅助治疗的，其费用可以酌情赔偿。营养费的赔偿，可以按照当地居民平均生活费标准的40%至60%的比例计算。应赔偿的期限，可以委托法医鉴定，也可以在征求治疗医院的意见后酌定。侵害人探视受害人时携带的食品，一般应当视为赠与。

6. 受害人抚养人的生活费：依靠受害人实际扶养的人，是指受害人死亡或丧失劳动能力以前实际扶养、赡养、抚养而无其他生活来源的人；依法应当由受害人扶养的人，在受害人死亡或丧失劳动能力前不需要其实际扶养，而在受害人受害后至人民法院裁决前丧失了生活来源，其要求侵害人支付必要生活费的，应予支持；受害人至人民法院裁决前出生的子女有权要求侵害人支付必要的生活费；受害人是唯一扶养人的，侵害人应承担依靠受害人实际扶养的人的全部必要生活费，如还有其他扶养人，侵害人应承担受害人承担的相应份额。

被扶养人的必要生活费，按照当地居民生活困难补助标准计算。对不满 18 周岁的人扶养到 18 周岁。对无劳动能力的人扶养 20 年，但 60 周岁以上的，年龄每增加 1 岁减少 1 年；75 周岁以上的按 5 年计算（被扶养人的年龄，男性在 18 周岁以上、60 周岁以下，女性在 18 周岁以上、55 周岁以下的，赔偿权利人应提供无劳动能力鉴定结论或县级以上人民医院出具的证明，同时应提供村民委员会或居民委员会证明其无其他生活来源的书面证明）。具体计算如下：第一，不满 18 周岁的被抚养人生活费 = 城镇居民人均消费性支出（农村人均年生活消费性支出）×（18 − 实际年龄）；第二，18 周岁 ~60 周岁被扶养人无劳动能力又无其他生活来源的生活费 = 城镇居民人均消费性支出（农村人均年生活消费性支出）×20 年；第三，60 周岁 ~75 周岁被扶养人无劳动能力又无其他生活来源的生活费 = 城镇居民人均消费性支出（农村人均年生活消费性支出）×［20 −（实际年龄 −60）］年；第四，75 周岁以上被扶养人无劳动能力又无其他生活来源的生活费 = 城镇居民人均消费性支出（农村人均年生活消费性支出）×5 年；第五，有其他扶养人时，赔偿义务人承担的被扶养人生活费 = 被扶养人生活费 ÷扶养人数；第六，被扶养人有数人时，赔偿义务人承担的年赔偿总额 ≤城镇居民人均消费性支出（农村居民人均年生活消费性支出）。

7. 残疾赔偿金：侵害他人身体致其丧失全部或部分劳动能力的，应当赔偿残疾赔偿金。残疾赔偿金是交通事故人身损害赔偿中一项重要的费用，根据交通事故受伤人员的伤残等级或者丧失劳动能力程度，按照上一年度城镇居民人均可支配收入或者农村居民人均纯收入标准，自定残之日起按 20 年计算。但 60 周岁以上的，年龄每增加 1 岁减少 1 年；75 周岁以上的，按 5 年计算。需要注意的是，残疾者的误工费与残疾赔偿金不得重复计算。以残疾者定残之月为界，之前由侵害人赔偿误工费，之后由侵害人赔偿残疾赔偿金。计算公式为：残疾赔偿金＝受诉法院所在地上一年度城镇居民人均可支配收入（农村居民人均纯收入）标准×伤残系数［伤情评定为一级伤残的，按全额赔偿，即100%；二至十级的，则以10%的比例依次递减。多等级伤残者的伤残系数计算，参照《道路交通事故受伤人员伤残评定》（GB18667－2002）附录B的方法计算］×赔偿年限。具体如下：

60周岁以下人员的残疾赔偿金＝受诉法院所在地上一年度城镇居民人均可支配收入（农村居民人均纯收入）标准×伤残系数×20年。

60周岁~75周岁之间人员的残疾赔偿金＝受诉法院所在地上一年度城镇居民人均可支配收入（农村居民人均纯收入）标准×伤残系数×［20－（实际年龄－60）］。

75周岁以上人员的残疾赔偿金＝受诉法院所在地上一年度城镇居民人均可支配收入（农村居民人均纯收入）标准×伤残系数×5年。

8. 残疾用具费：按照普通适用器具的合理费用标准计算。伤情有特殊需要的，可以参照辅助器具配制机构的意见确定相应的合理费用标准；因残疾需要配制补偿功能的器具的，应当根据治疗医院的证明或法医意见，结合使用者的年龄、我国人口平均寿命、器具使用年限等因素，按照普及型器具的费用计算赔偿数额。辅助器具的更换周期和赔偿期限参照配制机构的意见确定。

9. 死亡赔偿金：因侵权致人死亡的，应当支付死者家属一定数额的死亡赔偿金。死亡赔偿金按照受诉法院所在地上一年度城镇居民人均可支配收入或者农村居民人均纯收入标准计算，赔偿20年。死者满60周岁以上的，年龄每加1岁减少1年；75周岁以上的，赔偿5年。赔偿权利人举证证明其住所地或者经常居住地城镇居民人均可支配收入或者农村居民人均纯收入高于受诉法院所在地标准的，残疾赔偿金或者死亡赔偿金可以按照其住所地或者经常居住地的相关标准计算。

死亡赔偿金计算公式为：

60 周岁以下人员的死亡赔偿金 = 上一年度城镇居民人均可支配收入（农村居民人均纯收入）×20 年。

60 周岁~75 周岁人员的死亡赔偿金 = 上一年度城镇居民人均可支配收入（农村居民人均纯收入）×［20 -（实际年龄 - 60）］。

75 周岁以上人员的死亡赔偿金 = 上一年度城镇居民人均可支配收入（农村居民人均纯收入）×5 年。

10. 丧葬费：一般包括运尸、火化、普通骨灰盒和一期骨灰存放等费用。丧葬费按照受诉法院所在地上一年度职工月平均工资标准，以 6 个月总额计算。死者家属拒不执行有关部门限期殡葬决定而增加的费用，不予赔偿；死者家属违反有关殡葬的规定，大办丧事增加的费用，不予赔偿。

法津依据

最高人民法院《关于审理人身损害赔偿案件适用法律若干问题的解释》

第 17 条："受害人遭受人身损害，因就医治疗支出的各项费用以及因误工减少的收入，包括医疗费、误工费、护理费、交通费、住宿费、住院伙食补助费、必要的营养费，赔偿义务人应当予以赔偿。

受害人因伤致残的，其因增加生活上需要所支出的必要费用以及因丧失劳动能力导致的收入损失，包括残疾赔偿金、残疾辅助器具费、被扶养人生活费，以及因康复护理、继续治疗实际发生的必要的康复费、护理费、后续治疗费，赔偿义务人也应当予以赔偿。

受害人死亡的，赔偿义务人除应当根据抢救治疗情况赔偿本条第一款规定的相关费用外，还应当赔偿丧葬费、被扶养人生活费、死亡补偿费以及受害人亲属办理丧葬事宜支出的交通费、住宿费和误工损失等其他合理费用。"

第 18 条："受害人或者死者近亲属遭受精神损害，赔偿权利人向人民法院请求赔偿精神损害抚慰金的，适用《最高人民法院关于确定民事侵权精神损害赔偿责任若干问题的解释》予以确定。

精神损害抚慰金的请求权，不得让与或者继承。但赔偿义务人已经以书面方式承诺给予金钱赔偿，或者赔偿权利人已经向人民法院起诉的除外。"

第 19 条："医疗费根据医疗机构出具的医药费、住院费等收款凭证，结合病历和诊断证明等相关证据确定。赔偿义务人对治疗的必要性和合理性有异议的，应当承担相应的举证责任。

医疗费的赔偿数额，按照一审法庭辩论终结前实际发生的数额确定。器官功能恢复训练所必要的康复费、适当的整容费以及其他后续治疗费，赔偿权利人可以待实际发生后另行起诉。但根据医疗证明或者鉴定结论确定必然发生的费用，可以与已经发生的医疗费一并予以赔偿。"

第 20 条："误工费根据受害人的误工时间和收入状况确定。

误工时间根据受害人接受治疗的医疗机构出具的证明确定。受害人因伤致残持续误工的，误工时间可以计算至定残日前一天。

受害人有固定收入的，误工费按照实际减少的收入计算。受害人无固定收入的，按照其最近三年的平均收入计算；受害人不能举证证明其最近三年的平均收入状况的，可以参照受诉法院所在地相同或者相近行业上一年度职工的平均工资计算。"

第 21 条："护理费根据护理人员的收入状况和护理人数、护理期限确定。

护理人员有收入的，参照误工费的规定计算；护理人员没有收入或者雇佣护工的，参照当地护工从事同等级别护理的劳务报酬标准计算。护理人员原则上为一人，但医疗机构或者鉴定机构有明确意见的，可以参照确定护理人员人数。

护理期限应计算至受害人恢复生活自理能力时止。受害人因残疾不能恢复生活自理能力的，可以根据其年龄、健康状况等因素确定合理的护理期限，但最长不超过二十年。

受害人定残后的护理，应当根据其护理依赖程度并结合配制残疾辅助器具的情况确定护理级别。"

第22条："交通费根据受害人及其必要的陪护人员因就医或者转院治疗实际发生的费用计算。交通费应当以正式票据为凭；有关凭据应当与就医地点、时间、人数、次数相符合。"

第23条："住院伙食补助费可以参照当地国家机关一般工作人员的出差伙食补助标准予以确定。

受害人确有必要到外地治疗，因客观原因不能住院，受害人本人及其陪护人员实际发生的住宿费和伙食费，其合理部分应予赔偿。"

第24条："营养费根据受害人伤残情况参照医疗机构的意见确定。"

第25条："残疾赔偿金根据受害人丧失劳动能力程度或者伤残等级，按照受诉法院所在地上一年度城镇居民人均可支配收入或者农村居民人均纯收入标准，自定残之日起按二十年计算。但六十周岁以上的，年龄每增加一岁减少一年；七十五周岁以上的，按五年计算。

受害人因伤致残但实际收入没有减少，或者伤残等级较轻但造成职业妨害严重影响其劳动就业的，可以对残疾赔偿金作相应调整。"

第 26 条："残疾辅助器具费按照普通适用器具的合理费用标准计算。伤情有特殊需要的，可以参照辅助器具配制机构的意见确定相应的合理费用标准。

辅助器具的更换周期和赔偿期限参照配制机构的意见确定。"

第 27 条："丧葬费按照受诉法院所在地上一年度职工月平均工资标准，以六个月总额计算。"

第 28 条："被扶养人生活费根据扶养人丧失劳动能力程度，按照受诉法院所在地上一年度城镇居民人均消费性支出和农村居民人均年生活消费支出标准计算。被扶养人为未成年人的，计算至十八周岁；被扶养人无劳动能力又无其他生活来源的，计算二十年。但六十周岁以上的，年龄每增加一岁减少一年；七十五周岁以上的，按五年计算。

被扶养人是指受害人依法应当承担扶养义务的未成年人或者丧失劳动能力又无其他生活来源的成年近亲属。被扶养人还有其他扶养人的，赔偿义务人只赔偿受害人依法应当负担的部分。被扶养人有数人的，年赔偿总额累计不超过上一年度城镇居民人均消费性支出额或者农村居民人均年生活消费支出额。"

第 29 条："死亡赔偿金按照受诉法院所在地上一年度城镇居民人均可支配收入或者农村居民人均纯收入标准，按二十年计算。但六十周岁以上的，年龄每增加一岁减少一年；七十五周岁以上的，按五年计算。"

第 30 条："赔偿权利人举证证明其住所地或者经常居住地城镇居民人均可支配收入或者农村居民人均纯收入高于受诉法院所在地标准的，残疾赔偿金或者死亡赔偿金可以按照其住所地或者经常居住地的相关标准计算。"

6 农村留守儿童是否是特困人员供养对象？

典型事例

小王是农村的一个留守儿童，今年 10 岁。由于爷爷的生活收入较少，所以小王的生活过得很是艰难。2014 年小王的爷爷在农村的一次普法宣传中，听说国家最近颁布了《社会救助暂行办法》，小王依据这一部法规能够成为特困人员供养对象，享受相应的生活补助，小王的爷爷很是高兴，赶紧去为小王申请特困人员供养对象。

法律分析

社会救助，是国家和社会为依靠自身能力难以维持基本生活的公民提供物质帮助和服务的制度。社会救助事关困难群众基本生活和衣食冷暖，是"保基本"中的基本制度。党和国家历来高度重视社会救助工作，党的十七大、十八大都强调要健全、完善社会救助体系，中央领导同志多次就社会救助作出重要指示、批示。国务院把社会救助作为社会保障体系的一项基础性制度安排进行部署，制定了一系列社会救助政策措施，对保障改善民生、促进社会和谐，发挥了重要作用。

2014 年 2 月 21 日，《社会救助暂行办法》（下称《办法》）由国务院总理李克强签署，自 2014 年 5 月 1 日起施行。《办法》将农村五保供养和城市"三无"人员救助整合为特困人员供养制度，规定对无劳动能力、无生活来源且无法定赡养、抚养、扶养义务人，或者其法定赡养、抚养、扶养义务人无赡养、抚养、扶养能力的老年人、残疾人以及未满 16 周岁的未成年人，给予特困人员供养。《办法》确定了四方面供养内容：提供基本生活条件、对生活不能自理的给予照料、提供疾病治疗、办理丧葬事宜。同时，还要求其与城乡居民基本养老保险、基本医疗保障、最低生活保障、孤儿基本生活保障等制度相衔接。此外，为尊重供养对象自主选择意愿，还规定了特困人员可以自行选择供养形式，既可以选择在当地的供养服务机构集中供养，也可以选择在家分散供养。国务院《社会救助暂行办法》第 16 条规定：申请特困人员供养，由本人向户籍所在地的乡镇人民政府、街道办事处提出书面申请；本人申请有困难的，可以委托村民委员会、居民委员会代为提出申请。

特困人员供养对象办事指南示例

事项名称	申请纳入农村特困人员供养
法定依据	国务院《社会救助暂行办法》，《四川省〈农村五保供养工作条例〉实施办法》
办理时间	法定工作日
办理地点	乡镇人民政府、街道办事处
所需材料	见上表
办理流程	根据国务院《社会救助暂行办法》第 11 条、第 16 条和第 18 条，申请特困人员供养待遇，按照下列程序办理： 　①由共同生活的家庭成员向户籍所在地的乡镇人民政府、街道办事处提出书面申请；家庭成员申请有困难的，可以委托村民委员会、居民委员会代为提出申请。 　②乡镇人民政府、街道办事处应当通过入户调查、邻里访问、信函索证、群众评议、信息核查等方式，对申请人的家庭收入状况、财产状况进行调查核实，提出初审意见，在申请人所在村、社区公示后报县级人民政府民政部门审批。

续表

事项名称	申请纳入农村特困人员供养
办理流程	③县级人民政府民政部分经审查,对符合条件的申请予以批准,并在申请人所在村、社区公布;对不符合条件的申请不予批准,并书面向申请人说明理由。 特困供养人员不再符合供养条件的,村民委员会、居民委员会或者供养服务机构应当告知乡镇人民政府、街道办事处,由乡镇人民政府、街道办事处审批并报县级人民政府民政部门核准后,终止供养并予以公示。
办理时限	根据《四川省〈农村五保供养工作条例〉实施办法》第6条相关规定: ①乡、镇人民政府(街道办事处)应当自收到评议意见之日起20日内,对申请人的家庭和经济状况进行调查核实,提出审核意见。 ②县级人民政府民政部门应当自收到审核意见和有关材料之日起20日内,对上报材料进行复核,作出审批决定。
收费标准	不收费

法律依据

《社会救助暂行办法》

第14条:"国家对无劳动能力、无生活来源且无法定赡养、抚养、扶养义务人,或者其法定赡养、抚养、扶养义务人无赡养、抚养、扶养能力的老年人、残疾人以及未满16周岁的未成年人,给予特困人员供养。"

第15条:"特困人员供养的内容包括:

(一)提供基本生活条件;

(二)对生活不能自理的给予照料;

(三)提供疾病治疗;

(四)办理丧葬事宜。

特困人员供养标准，由省、自治区、直辖市或者设区的市级人民政府确定、公布。

特困人员供养应当与城乡居民基本养老保险、基本医疗保障、最低生活保障、孤儿基本生活保障等制度相衔接。"

第16条："申请特困人员供养，由本人向户籍所在地的乡镇人民政府、街道办事处提出书面申请；本人申请有困难的，可以委托村民委员会、居民委员会代为提出申请。

特困人员供养的审批程序适用本办法第11条规定。"

第17条："乡镇人民政府、街道办事处应当及时了解掌握居民的生活情况，发现符合特困供养条件的人员，应当主动为其依法办理供养。"

第18条："特困供养人员不再符合供养条件的，村民委员会、居民委员会或者供养服务机构应当告知乡镇人民政府、街道办事处，由乡镇人民政府、街道办事处审核并报县级人民政府民政部门核准后，终止供养并予以公示。"

第19条："特困供养人员可以在当地的供养服务机构集中供养，也可以在家分散供养。特困供养人员可以自行选择供养形式。"

7 农村留守儿童如何申请最低生活保障？

典型事例

小王的父母常年在城市里打工，小王和奶奶一起生活，但是由于小王父母的打工收入较少，并且小王的奶奶也已经年老体衰，在2014年小王家被评定为贫困户，符合领取最低生活保障的条件。但是一个严重的问题是小王的奶奶不知道如何领取最低生活保障金，无奈之下找到村委会，最后在村委会的帮助下，小王如愿以偿地得到了最低生活保障金，基本生活有了着落。

法津分析

最低生活保障是指国家对家庭人均收入低于当地政府公告的最低生活标准的人口给予一定现金资助，以保证该家庭成员基本生活所需的社会保障制度。最低生活保障线也即贫困线，是对达到贫困线的人口给予相应补助以保证其基本生活的做法。

最低生活保障标准的确定应考虑以下因素：①该地区社会人均生活水平；②维持最低生活水平所必需的费用；③经济发展水平和财政状况；④该时段的物价指数。2014年颁布的《社会救助暂行办法》明确了最低生活保障的具体条件为：共同生活的家庭成员人均收入低于当地最低生活保障标准，且符合当地最低生活保障家庭财产状况规定的家庭。与以前相比，增加了符合当地家庭财产状况规定的要求。对批准获得最低生活保障的家庭，按照共同生活的家庭成员人均收入低于当地最低生活保障标准的差额，按月发给最低生活保障金。与以前相比，为确保特殊人群的基本生活，《社会救助暂行办法》规定对获得最低生活保障后生活仍有困难的老年人、未成年人、重度残疾人和重病患者，采取必要措施给予生活保障。

最低生活保障标准，按照当地维持居民、村民基本生活所必需的费用确定。设区的市的最低生活保障标准，由市人民政府民政部门会同财政、统计物价等部门拟定，报本级人民政府批准并公布执行；县（市）最低生活保障标准由县（市）人民政府民政部门会同财政、统计、物价等部门拟定，报本级人民政府批准并报上一级人民政府备案后公布执行。当地人民政府可以根据城乡差别，分别确定、执行不同的最低生活保障标准。当地人民政府应当根据经济、社会的发展，对最低生活保障标准做出适时的调整。

法津依据

《社会救助暂行办法》

第9条："国家对共同生活的家庭成员人均收入低于当地最低生活保障标准，且符合当地最低生活保障家庭财产状况规定的家庭，给予最低生活保障。"

第11条："申请最低生活保障，按照下列程序办理：

（一）由共同生活的家庭成员向户籍所在地的乡镇人民政府、街道办事处提出书面申请；家庭成员申请有困难的，可以委托村民委员会、居民委员会代为提出申请。

（二）乡镇人民政府、街道办事处应当通过入户调查、邻里访问、信函索证、群众评议、信息核查等方式，对申请人的家庭收入状况、财产状况进行调查核实，提出初审意见，在申请人所在村、社区公示后报县级人民政府民政部门审批。

（三）县级人民政府民政部门经审查，对符合条件的申请予以批准，并在申请人所在村、社区公布；对不符合条件的申请不予批准，并书面向申请人说明理由。"

第12条："对批准获得最低生活保障的家庭，县级人民政府民政部门按照共同生活的家庭成员人均收入低于当地最低生活保障标准的差额，按月发给最低生活保障金。

对获得最低生活保障后生活仍有困难的老年人、未成年人、重度残疾人和重病患者，县级以上地方人民政府应当采取必要措施给予生活保障。"

8 如何预防农村留守儿童犯罪？

典型事例

小王是一个农村留守儿童，今年 15 岁。由于从小受到的教育差，养成了游手好闲的习惯。2013 年的一天，小王在上学的路上看到一位老人手里拿着一个包裹，心生歹念，正好上网没有钱，于是趁老人无防备将老人的包裹抢走。事后老人报警。警察将小王抓获，小王因为抢劫罪被判处 3 年有期徒刑。

法律分析

青少年犯罪已经是我国社会备受关注的问题，一个个心灵纯洁的天使如何能在短短的人生初期退化成一个应受道德谴责和法律制裁的恶魔，这是一个全世界、各学科长时期研究的课题。国家通过各种途径、方式和方法向青少年普法，青少年犯罪仍难以杜绝，还是有一部分青少年误入歧途。由于缺乏最亲近、关心和喜爱的父母监管教育，部分留守儿童犯罪后难以得到只顾挣钱的父母的有效矫正；而关心留守儿童犯罪矫正的父母又因为误工而难以得到预期的经济收益，从而，父母在与久未相处的子女生活时难以避免抱怨、责难和惩罚。留守儿童问题正是由于父母片面追求家庭经济建设而产生的，而留守儿童犯罪后的矫正也难以摆脱经济收入的制约，犯罪留守儿童将成为卸责或泄气的对象。因此，在留守儿童犯罪时如何引导其父母正确看待儿女矫正与经济收益关系，唤醒父母关心、爱护和教育的责任将是促进留守儿童改邪归正的有效途径。

1. 司法实践中，导致留守儿童犯罪的因素如下：

（1）家庭教育缺失。农村留守儿童在家庭教育中基本缺失了父母亲对其在衣食住行、安全、能力、爱好等方面的教育，特别是缺失了对父母的心理归属和依恋。留守儿童长期与父母分离的最直接后果，是导致儿童的行为长期处于放任的状态，以致人格缺陷；加之留守儿童与祖辈之间的心理距离和代养人的疏于管教或过于溺爱，许多过错行为不能得到及时地纠正和制止，继而发展成为严重的行为问题。一些留守儿童因受不良同伙的影响，甚至走上了违法犯罪的歧途。

（2）学校教育不足。一些农村留守儿童由于家庭管教较少，多在成绩上较差，由此造成学校对他们多是批评、责备，甚至是放任不管，从而使留守儿童认为读书无用，出现厌学、逃学、辍学现象，致使部分留守儿童脱离了学校教育，与社会闲散人员混在一起，有了时间和空间进行赌博、玩电子游戏，常去网吧寻求刺激，使他们处在了更为危险的处境中。

（3）农村社会文化环境差。当前的农村，文化事业发展滞后，文化教育阵地严重匮乏，思想道德文化感召力减弱，精神文化匮乏，加之各种腐朽思想的负面影响，致使农村人们的道德滑坡、世风变浊，拜金主义、享乐主义、个人主义有所滋长，世界观、人生观和价值观被歪曲现象不在少数。农村社会文化环境受到污染，许多格调低下和渲染色情暴力犯罪的书刊、音像制品充斥农村文化市场，恶化了农村社会精神环境。不少地方赌博、小偷小摸、打架斗殴等现象频繁。在缺乏正确引导的环境中，农村留守儿童很容易受这种文化环境的污染。

（4）不良的人际交往。由于缺乏父母监管，正值青春叛逆时期的留守儿童，分辨不出社会上的好与恶，分辨不出哪是真正的友谊，哪是江湖义气，在不良社会影响下，很容易结成团伙。在学校，留守儿童由于成绩普遍较差，并受到共同的厌学心理影响，容易结成各种团伙，经常三五成群集体辍学、逃课、出入电影院、录像室、网吧，容易受他人思想的影响，容易冲动，打架斗殴的事件不在少数。不良的人际交往对留守儿童的社会化产生消极影响，成为实施越轨和犯罪行为的直接原因。

2. 有效预防农村留守儿童犯罪至关重要，可以从以下几个方面采取措施：

（1）家庭预防。家庭是预防青少年犯罪的第一道闸门，但对于农村留守儿童来说，家庭这一变量控制难度显得特别大，留守儿童的留守状态也是其父母的无奈选择。要帮助转变父母观念，重视自身的教育职责，重视儿童的全面健康发展，加强家庭教育的指导和沟通工作。学校和村委会举办"家长学校"，加强对家长，特别是临时监护人的培训，强化家庭教育，提高认识，增强监护能力，正确管束和引导、教育孩子。学校应设置"亲情电话"，建立"家校联系簿"，畅通学校留守孩子、老师、务工家长的交流渠道。与此同时，应对进城务工的农民工展开家庭教育的指导服务，让家长以更多方式关心孩子的学习以及身心健康。尽可能地保持和孩子的密切联系和沟通，认真地从孩子成长需求的角度出发，寻找和确立孩子的监护人，细致地落实孩子的被监护权，同时对孩子的道德发展和精神需求给予更多关注。农村留守儿童作为一个普遍存在的社会问题，同时应发挥社会特别是教育部门、妇联等组织的作用，对留守儿童的监护人进行培训，改进其教育方法，发挥家庭教育的功能，与学校教育配合，规范留守儿童的行为，使其能健康成长。

（2）学校预防。在家庭教育功能弱化的情况下，学校教育功能应当及时补位。第一，学校管理者和教师应当充分意识到留守儿童问题的严重性，改变"有的学校负责人和教师甚至没有意识到这一群体的存在"的现象，以及应对其所存在问题采取必要的措施。对留守儿童问题意识上的欠缺和模糊将直接影响到留守儿童所在的小学能否采取相应的支持措施和在教育措施上对其实施必要的倾斜的这一现状，积极采取措施来应对和解决。第二，学校领导和教师应当在留守儿童身上倾注更多的精力，给予更多的爱和关心。学校领导特别是班主任老师应当给予留守儿童更多的关心和爱护，从而减少留守儿童对同辈群体成员在感情上的依赖。第三，学校通过开展丰富多彩的活动，将学生的课余活动纳入到学校教育预设的轨道，满足留守儿童社会交往的需要。第四，学校应更加注重对"留守儿童"的身心教育。教师对学生必须一视同仁，对"问题留守儿童"更要关心爱护，学校应建立"留守儿童"档案，对有劣迹和不良行为的"留守儿童"，学校应及时帮教，及时与家长、监护人联系，促使他们自觉改正不良行为，远离违法犯罪；开设法制教育课程，加强对中小学生和教师的法制培训教育，通过旁听审判、参观监狱、开设法制讲座等法制学习方式，增强学生的法制意识，同时建立预防青少年犯罪的长效机制；开设好各年级的心理健康教育课，加强对"留守儿童"心理健康教育，对儿童的显性和隐性的心理压力进行疏导，帮助儿童健康、和谐发展。第五，在学校和教师的组织下，成立"留守儿童互助小组"，构建留守儿童积极同辈群体，使他们在既有外部监控又较为宽松的环境中，相互帮助，互相学习，快乐交往，健康成长。

（3）社会预防。第一，在全社会深入开展精神文明建设，提高社会的文明程度，彻底净化社会环境，是未成年人健康成长的环境基础。当今人们接受信息的主要来源是电影、电视、录音、广播、报纸、网络等，农村地区也不例外，留守儿童因缺乏有力监管，有很多人长期沉浸在暴力、色情和电子虚拟空间中，由于其寻求刺激、喜好模仿的特点和青春期的幼稚冲动，难免会导致越轨行为的发生。必须采取一系列有效措施，清除"精神毒品"

的污染，净化社会文化环境。第二，要大力发展农村经济，充分吸纳农村剩余劳动力，提供技能、传授知识及推及优惠政策，使他们相信回到家乡也能够发挥自己特长，能够创业，减少农民向大城市流动，减少进城农民的家庭缺失问题。第三，采取多种措施保障"留守儿童"成长的外部环境。加快户籍制度改革，建立农民举家进城的机制，认真贯彻执行《未成年人保护法》和《义务教育法》的有关规定，保护进城务工经商农民工子女能够随父母就地入学的权利；大力开展校园周边环境治理整顿工作，切实加强音像、出版物的经营和网吧的监管；充分发挥各级党委、政府、社区、村组、团委、妇联等的作用，各部门要积极参与，形成合力，在生活上给予帮助，思想上给予正确引导，行为不当时给予纠正，促进他们健康成长；加快农村寄宿制学校建设，让"留守儿童"寄宿在学校里，由学校来承担对孩子的监护，可以克服临时监护人监管不力的现象，解决外出务工经商农民的后顾之忧。

（4）司法预防。司法行政有关部门应开展形式多样的法制宣传教育活动，大力宣传《婚姻法》、《未成年人保护法》、《预防未成年犯罪法》、《义务教育法》等法律法规，进一步完善留守儿童的法律服务机制，积极协助中小学校开展法制教育，通过模拟法庭、以案说法、上法制课等形式，加强留守儿童的法制教育，增强留守儿童的法制观念和自我保护意识，实行有效的司法预防。公安、检察、法院、司法机关要各司其职，密切配合，齐抓共管，形成羁押、预审、起诉、审判、辩护、管教"一条龙"的工作体系。一方面，依法严厉打击涉及侵扰学校、学生的案件和教唆、胁迫、引诱农村留守儿童的违法犯罪活动；另一方面，要加强和家庭、学校、社会各界的联系与合作，遵照党的"教育、感化、挽救"的方针和"教育为主、惩罚为辅"的原则，侧重于教育，着眼于感化，立足于挽救，特别是在案件审理中，最大限度地体现对农村留守儿童违法犯罪的司法保护。同时，执法机关要建立追踪回访考察制度，建立帮教体系，对判处刑罚的留守儿童采取确定专人帮教，定期考察，会同工、青、妇等单位与所在学校或村（居）委会、家庭密切配合共同帮教，并对后进留守儿童、轻微违法犯罪的留守儿童做好教育、挽救工作，结合案件审理，针对发现的问题，积极向有关部门发出司法建议，使一些维护留守儿童健康成长的隐患得以从源头清除。对侵犯留守儿童合法权益的违法犯罪行为予以重点关注，从严、从快打击。

本事例中，小王的犯罪与其是留守儿童，缺乏相应的教育有很大的关系。根据《中华人民共和国刑法》的规定，小王是年满14周岁的未成年人，应该对抢劫罪负刑事责任，同时已满14周岁不满18周岁的人犯罪，应当从轻或者减轻处罚，所以法院综合以后判处小王3年有期徒刑是合理的。

法律依据

《中华人民共和国刑法》

第17条："已满十六周岁的人犯罪，应当负刑事责任。

已满十四周岁不满十六周岁的人，犯故意杀人、故意伤害致人重伤或者死亡、强奸、抢劫、贩卖毒品、放火、爆炸、投毒罪的，应当负刑事责任。

已满十四周岁不满十八周岁的人犯罪，应当从轻或者减轻处罚。

因不满十六周岁不予刑事处罚的，责令他的家长或者监护人加以管教；在必要的时候，也可以由政府收容教养。"

9 留守儿童遭拐卖后被性侵，法律如何定罪？

典型事例

小红是农村的留守儿童，今年 10 岁，她一直在农村跟着爷爷生活。2014 年的一天，小红自己在村边玩耍，被一个中年妇女王某以买新衣服为由拐卖走，之后小红被带到离家很远的另一个城市强迫卖淫，由于小红的激烈反抗，其被李某强奸。最后，在公安民警的努力下，小红被解救出来，王某以拐卖儿童罪定罪，李某以强奸罪定罪。

法律分析

随着成千上万的农民工抛下他们年幼的子女，奔赴城市打工挣钱，养家糊口，这些留守儿童，大多读书无人管，生活没保障，甚至会遭到不法分子的侵害。我国《未成年人保护法》明确规定，禁止拐卖、绑架或者虐待未成年人，禁止对未成年人实施性侵害，禁止胁迫、诱骗、利用未成年人乞讨，禁止组织未成年人进行有害其身心健康的表演等活动。拐卖、绑架、虐待未成年人和对未成年人实行性侵犯是常见的严重侵犯未成年人人身权利的违法犯罪行为。胁迫、诱骗、利用未成年人乞讨或者组织未成年人进行有害其身心健康的表演等活动则是近几年来比较常见的侵害未成年人合法权益的新型的违法犯罪行为。我国《刑法》和《治安管理处罚法》都对这些行为做了相应的处罚规定。《未成年人保护法》作为保护未成年人权益的专门法律，对这种严重侵害未成年人合法权益的行为应坚决予以制止。

禁止拐卖、绑架、虐待未成年人，禁止对未成年人实施性侵害。法律保护公民的人身权利不受侵害，未成年人自我保护能力差，其人身权利比成年人更容易遭受侵害。常见的严重侵犯未成年人人身权利的违法犯罪行为主要有拐卖、绑架、虐待和性侵犯。根据统计，自 2003 年至 2004 年，我国公安机关共破获拐卖儿童案件 2311 起，解救被拐卖儿童 8000 余名。2005 年 1 月至 10 月，全国公安机关共破获拐卖儿童案件 935 起，解救被拐儿童 1741 名。根据联合国儿童基金会与中华全国妇联等机构联合进行的一项调查显示，同世界其他国家一样，中国也普遍存在虐待儿童的现象。在北京等 6 个省市对近 4000 名大、中专学生进行的匿名问卷调查显示，约四成曾受到过不同程度的身体、情感或性虐待。这些违法犯罪行为对于未成年人的身心健康损害都非常严重。例如，被拐卖、绑架的儿童，不仅失去了父母的关爱，而且还可能受到身心伤害甚至被犯罪分子杀害。再如，被虐待或者遭受性侵犯的未成年人，不仅在生理上可能留下终身伤残，其儿时的这种不幸经历更可能对其产生长远的负面心理影响。《未成年人保护法》第 41 条第 1 款特别强调："禁止拐卖、绑架、虐待未成年人，禁止对未成年人实施性侵害。"具体来说包含以下内容：

1. 禁止拐卖未成年人。拐卖未成年人即拐卖儿童，是指以出卖为目的，以欺骗、引诱、威胁、绑架等手段，将儿童拐骗、绑架、收买、贩卖、接送或者中转的违法犯罪行为；行为人只要实施上述行为之一，即构成拐卖儿童罪。拐卖儿童会严重侵害未成年人的人身安全，摧残儿童的身心健康，破坏儿童的家庭和社会治安秩序，严重影响社会安定；侵害未成年人人身权利的严重违法犯罪行为，必须加以严厉打击和惩处。本罪为行为犯，不以实际"卖出"为既遂要件。另外本罪行为人只要在主观上具有"出卖"的目的即可，法律并未要求其必须具有"营利目的"。《刑法》第 240 条规定，拐卖儿童的，处 5 年以上 10 年以下有期徒刑，并处罚金；情节严重的，处 10 年以上有期徒刑或者无期徒刑，并处罚金或者没收财产；情节特别严重的，处死刑，并处没收财产。《刑法》第240条第1款还具体列举了适用上述刑罚的6项拐卖儿童的严重情形：

（1）拐卖妇女、儿童集团的首要分子，即在有计划、有组织地进行拐卖妇女、儿童犯罪活动的犯罪集团中起组织、领导、指挥作用的犯罪分子，可能是一人，也可能是多人。

（2）拐卖妇女、儿童三人以上的，即指犯罪分子直接参与拐卖的妇女、儿童的人数在三人以上（包括本数在内），包括在拐卖妇女、儿童的犯罪活动中，以出卖为目的，拐骗、绑架、收买、贩卖、接送、中转妇女、儿童三人以上的。

（3）以出卖为目的，使用暴力、胁迫或者麻醉方法绑架儿童的。

（4）以出卖为目的，偷盗婴幼儿的。

（5）造成被拐卖的儿童或者其亲属重伤、死亡或者其他严重后果的，即拐卖过程中，犯罪分子采用捆绑、殴打、虐待、侮辱等手段，造成被害人重伤、死亡等严重后果，以及被害人及其亲属因犯罪分子的拐卖行为而自杀、精神失常或者造成其他严重后果的。

（6）将儿童卖往境外的，即犯罪分子为了牟取暴利，与境外的人贩子相勾结，并将儿童卖往中华人民共和国领土以外其他国家或者我国的港澳台地区的行为。

2. 禁止绑架未成年人。绑架未成年人即绑架儿童，是指以勒索财物为目的或者出于其他目的，将儿童作为人质，使用暴力、胁迫或者麻醉等方法强行掳走儿童，非法限制其人身自由的犯罪行为。这种行为构成绑架罪，该罪是行为犯。以勒索财物为目的的绑架，行为人只要完成绑架人质的行为，即构成本罪的既遂。绑架儿童以追求非法利益为目的，直接对未成年人的人身权利和其他权利进行严重侵害，社会影响极其恶劣，社会危险性极大，必须予以严惩。根据《刑法》第 239 条第 1 款的规定，犯绑架罪的，应处 10 年以上有期徒刑或者无期徒刑，并处罚金或者没收财产；致使被绑架人死亡或者杀害被绑架人的，处死刑，并处没收财产。以勒索财物为目的偷盗不满 1 周岁的婴儿或者偷盗 1 周岁以上不满 6 周岁的幼儿的行为，也视为劫持行为，以绑架论。值得注意的是，如果以出卖为目的，使用暴力、胁迫或者麻醉方法绑架儿童的，则以拐卖儿童罪论处。

3. 禁止虐待未成年人。虐待是指行为人经常以打骂、冻饿、禁闭、有病不给治疗、强迫过度劳动或限制自由、凌辱人格等各种方法，对未成年人从肉体上、精神上迫害、折磨、摧残的行为。虐待行为区别于偶尔打骂或者偶尔的体罚行为的明显特点是：虐待行为往往是经常甚至一贯进行的，具有相对连续性。其中虐待家庭成员，情节恶劣的，依照《刑法》第 260 条的规定构成虐待罪。虐待罪的主体必须是共同生活的家庭成员，如夫妻、子女、兄弟姐妹，也包括共同生活的亲友。非家庭成员之间的虐待行为，不构成本罪。这里所说的"情节恶劣"，是本罪的罪与非罪的重要界限，具体是指虐待的动机卑鄙、手段凶残；虐待年老、年幼、病残的家庭成员；长期虐待家庭成员屡教不改的，等等。本罪主观方面是故意，至于为何虐待并不影响犯罪的成立，如有的父母嫌子女学习成绩差、爱撒谎、活泼好动，就经常打骂、冻饿该子女，目的是希望教育管理孩子，但在情节恶劣时，同样构成犯罪。本罪客观方面表现为经常或者连续折磨，偶尔一次打骂、冻饿等，即使造成严重后果也不构成本罪。实践中应注意：如果行为人故意伤害受虐的未成年人，致其重伤、死亡的，不应按照虐待罪定罪量刑，而应按照《刑法》关于故意伤害罪或者故意杀人罪的规定定罪量刑。对于尚未构成刑事犯罪的，由公安机关按照《治安管理处罚法》的有关规定处理。

需要注意的是，"虐待"案件一般都需要以"被虐待人要求处理"或者"告诉才处理"作为追究行为人违法责任的条件。被害人不控告的，司法机关一般不能主动受理案件。但是如果被害人受到强制或者威吓而无法告诉的，或者被害人是未成年人的，其近亲属也可以告诉。

4. 禁止对未成年人实施性侵害。现实生活中，此类案件呈现出三个特点：一是犯罪嫌疑人多为农村"空巢"老人。这些老人由于老伴去世或离异，儿女又外出打工，造成生活寂寞和思想空虚，为达到个人私欲，趁留守儿童无人监管，伺机对这些年幼无知的儿童下手。二是，犯罪嫌疑人多是利用从事零售小吃等买卖的便利条件，诱惑和欺骗留守儿童，达到猥亵奸淫的目的。三是被侵害的儿童缺少防范意识，甚至不知道自己受到侵害。"对未成年人实施的性侵害"，目前在我国尚无法定含义，学理上有人认为是指一切通过暴力、欺骗、讨好、物质诱惑或其他方式，把未成年人引向性接触，以求达到行为人满足的行为。从司法实践操作角度而言，常见的"对未成年人实施的性侵犯"包括强奸、猥亵妇女或者猥亵儿童等行为。

强奸是指行为人违背妇女意志，使用暴力、胁迫或者其他手段，强行与妇女发生性交的行为。如果受害人是不满 14 周岁的幼女，则不论被害人是否同意，只要其与幼女发生性关系即构成强奸罪。

本事例中，小红遭到拐卖后被强奸，依照《刑法》第 237 条第 1、3 款，第 240 条第 2 款的规定，王某构成拐卖儿童罪，李某构成强奸罪。量刑时，李某强奸不满 14 周岁的幼女，从重处罚；王某拐卖妇女并将被拐卖的妇女卖给他人迫使其卖淫，构成拐卖儿童罪，应判处 10 年以上有期徒刑或无期徒刑。

法律依据

《中华人民共和国未成年人保护法》

第41条："禁止拐卖、绑架、虐待未成年人，禁止对未成年人实施性侵害。

禁止胁迫、诱骗、利用未成年人乞讨或者组织未成年人进行有害其身心健康的表演等活动。"

《中华人民共和国刑法》

第236条："以暴力、胁迫或者其他手段强奸妇女的，处三年以上十年以下有期徒刑。

奸淫不满十四周岁的幼女的，以强奸论，从重处罚。

强奸妇女、奸淫幼女，有下列情形之一的，处十年以上有期徒刑、无期徒刑或者死刑：

（一）强奸妇女、奸淫幼女情节恶劣的；

（二）强奸妇女、奸淫幼女多人的；

（三）在公共场所当众强奸妇女的；

（四）二人以上轮奸的；

（五）致使被害人重伤、死亡或者造成其他严重后果的。"

第237条第1、3款："以暴力、胁迫或者其他方法强制猥亵妇女或者侮辱妇女的，处五年以下有期徒刑或者拘役。

……

猥亵儿童的，依照前两款的规定从重处罚。"

第239条："以勒索财物为目的绑架他人的，或者绑架他人作为人质的，处十年以上有期徒刑或者无期徒刑，并处罚金或者没收财产；情节较轻的，处五年以上十年以下有期徒刑，并处罚金。

犯前款罪，致使被绑架人死亡或者杀害被绑架人的，处死刑，并处没收财产。

以勒索财物为目的偷盗婴幼儿的，依照前两款的规定处罚。"

第240条："拐卖妇女、儿童的，处五年以上十年以下有期徒刑，并处罚金；有下列情形之一的，处十年以上有期徒刑或者无期徒刑，并处罚金或者没收财产；情节特别严重的，处死刑，并处没收财产：

（一）拐卖妇女、儿童集团的首要分子；

（二）拐卖妇女、儿童三人以上的；

（三）奸淫被拐卖的妇女的；

（四）诱骗、强迫被拐卖的妇女卖淫或者将被拐卖的妇女卖给他人迫使其卖淫的；

（五）以出卖为目的，使用暴力、胁迫或者麻醉方法绑架妇女、儿童的；

（六）以出卖为目的，偷盗婴幼儿的；

（七）造成被拐卖的妇女、儿童或者其亲属重伤、死亡或者其他严重后果的；

（八）将妇女、儿童卖往境外的。

拐卖妇女、儿童是指以出卖为目的，有拐骗、绑架、收买、贩卖、接送、中转妇女、儿童的行为之一的。"

第260条第1、2款："虐待家庭成员，情节恶劣的，处二年以下有期徒刑、拘役或者管制。

犯前款罪，致使被害人重伤、死亡的，处二年以上七年以下有期徒刑。"

10 岁的留守儿童是否有接受赠与、奖励、报酬的权利？

典型事例

小王是一个留守儿童，今年 10 岁。今年夏天，小王的邻居看到小王家里生活贫困，夏天没有空调，小王的学习受到影响，于是出于好意送给小王一台空调。小王邻居的儿子知道后，坚决要将空调要回来，并声称：小王是 10 岁的孩子，自己没有完全民事行为能力，因此他接受空调的行为应该经过小王父母的同意才可以生效。小王的爷爷则称，空调是邻居自愿赠送给小王的，小王当然拥有所有权。无奈之下，双方闹上法院，最终，法院判决小王接受空调的行为是有效的，无须经过小王父母的同意。

法律分析

赠与合同是赠与人把自己的财产无偿地送给受赠人，受赠人同意接受的合同。本事例中，小王接受空调的行为是否有效，关键是看小王的民事行为能力。根据《民法通则》的规定，限制民事行为能力的人，包括 10 周岁以上的未成年人；不能完全辨认自己行为的精神病人。但是，16 周岁至 18 周岁，以自己的劳动收入作为主要生活来源的，可视为完全民事行为能力人。10 周岁以上的未成年人是限制民事行为能力人，可以进行与他的年龄、智力相适应的民事活动；其他民事活动由他的法定代理人代理，或者征得他的法定代理人的同意；不能完全辨认自己行为的精神病人可以进行与他的精神健康状况相适应的民事活动；其他民事活动由他的法定代理人代理，或者征得他的法定代理人的同意。

法律对于无民事行为能力人和限制民事行为能力人的民事行为做以下的规定：

1. 无民事行为能力人和限制民事行为能力人纯获利的行为，例如接受奖励、赠与、报酬等都是有效的。

2. 日常细小行为要分开看，如果是无民事行为能力人，除了上述纯获利益和日常生活行为是有效的以外，其他的都应当认定是无效的。而限制民事行为能力人的行为要具体分析：在相应的民事行为能力范围内的行为有效。对于 10 周岁以上、18（有时 16）周岁以下未成年人进行的民事活动是否与其年龄、智力状况相适应，可以从行为与本人生活相关联的程度、本人的智力能否理解其行为，并预见相应的行为后果，以及行为标的数额等方面认定。对于不能完全辨认自己行为的精神病人进行的民事活动，是否与其精神健康状态相适应，可以从行为与本人生活相关联的程度、本人的精神状态能否理解其行为，并预见相应的行为后果，以及行为标的数额等方面认定。如一个 16 周岁中学生花 50 元钱买一本《汉英辞典》之合同行为就是有效的。超出民事行为能力范围而实施的合同行为效力待定，经过法定代理人追认或同意，该合同有效。超出民事行为能力范围而实施的单方行为为无效行为。

法律依据

《最高人民法院关于贯彻执行〈中华人民共和国民法通则〉若干问题的意见（试行）》

第 6 条："无民事行为能力人、限制民事行为能力人接受奖励、赠与、报酬，他人不得以行为人无民事行为能力、限制民事行为能力为由，主张以上行为无效。"

《中华人民共和国合同法》

第 47 条第 1 款："限制民事行为能力人订立的合同，经法定代理人追认后，该合同有效，但纯获利益的合同或者与其年龄、智力、精神健康状况相适应而订立的合同，不必经法定代理人追认。"

11 留守儿童在商场乘自动扶梯受伤，商场设提示牌能否免责？

典型事例

小王的父母常年在外打工，2014年6月，12岁的小王跟随祖父母去镇上商场买衣服准备去看父母，乘坐扶梯至三楼时，小王探头张望，不慎被扶梯与楼板的夹角夹伤，经诊断为头部受伤，花费医疗费等7000余元。事后，小王的祖父母找商场要求承担赔偿责任时，商场以在自动扶梯旁设置了"小心碰头"提示牌，已经尽到了警示义务为由，拒绝承担赔偿责任。

法律分析

安全保障义务是指经营者在经营场所对消费者、潜在消费者或者其他进入服务场所的人的人身、财产安全依法承担的使其免遭侵害的义务。旅店、车站、商店、餐馆、茶馆、邮电部门的经营场所，体育馆、动物园、公园以及银行、证券公司的营业厅等向公众提供服务的场所，都属于经营场所。对经营场所负有安全保障义务的主体，包括经营场所的所有人、管理者、承包经营者等对该场所负有安全保障义务或者具有事实上控制力的公民、法人或其他社会组织。

违反安全保障义务的侵权责任的判断标准有：《侵权责任法》第37条是对安全保障义务的原则性规定，只是说明未尽到安全保障义务、造成他人损害的，应当承担侵权责任。对于安全保障义务的判断标准，该条并未明确。这就给司法实践中认定安全保障义务人是否存在过错制造了难题。根据最高人民法院《关于审理人身损害赔偿案件适用法律若干问题的解释》第 6 条第 1 款的规定，安全保障义务人因未尽合理限度内的保护义务而致使他人人身损害的，应承担相应赔偿责任，可以说责任人是否尽到"合理限度内的安全保障义务"是责任承担的判断标准。在实践中如何具体把握立法的精神，可以依据以下三个方面的标准加以确定：

1. 安全保障义务人是否获益。根据收益与风险相均衡的原则，经营者收益的大小应与其所承担风险的多少一致。据此，从事经营活动并从中获益的安全保障义务人的安全保障义务一般应多于那些无偿提供服务、举办公益活动的安全保障义务人。如宾馆、酒店等服务行业经营者的安全保障义务多于从事志愿活动的志愿者的安全保障义务。

2. 违反安全保障义务后的救助情况。损害发生后，在判断安全保障义务人是否违反了安全保障义务时，要考虑安全保障义务人在发生侵权行为前后所采取的防范、制止侵权行为的状况等各方面情况。如在酒吧、迪厅等娱乐场所发生第三人侵权的情形，要考虑该娱乐场所是否按照有关规定配备了适量、专业的保安，侵权行为发生时保安有没有协助消费者及时制止第三人侵害，侵权行为发生后安全保障义务人是否采取了积极的救助措施，如帮助消费者拨打 120 急救电话等。通常在司法实践中，还应考虑安全保障义务人实施危险救助的时间和方法。一般来说，采取救助措施的时间越早，方法越得当，损害就越小，安全保障义务人的责任也就越小；反之，损害越大，责任就越大。

3. 专业人员的行为标准。一般来说，在其所从事的领域内具备专业知识和技能的安全保障义务人防止或者制止损害义务的强度多于不具备专业知识的安全保障义务人。因为在某些领域内，专业人员对危险的预见性和了解程度远远高于普通人，更能够采取有效的防范措施来制止危险的发生。如健身房健身教练安全保障义务的强度一般多于公园管理人员的安保义务。上述标准只要符合一项就可以要求责任人承担责任。

　　本事例中，该商场虽然在自动扶梯处设置了安全标志，悬挂了提示牌，但只是尽到了一定的安全保障注意义务。因为该提示牌毕竟仅仅是一种提示，没有任何防止碰撞的功能。对于在使用中可能存在的安全隐患，商场没有进一步采取措施保证消费者的人身安全，未完全尽到合理限度内的安全保障义务。这说明，该商场尽安全保障义务存在瑕疵，此种情形下，其提示牌不能成为免责牌，商场应承担相应的过错赔偿责任。1992 年，劳动部针对发生在全国包括经营场所在内的公共场所的电梯事故 1000 余起，造成人员伤亡数百人，发布《关于加强电梯安全管理的通知》，规定电梯实行安全使用制度："新安装电梯必须取得劳动部门颁发的安全使用证后，方可运行。""对在用电梯实行安全年检制度。在电梯使用单位日常维修保养的基础上，每年应进行一次安全检验。检验不合格的，不允许运行，经使用单位整改合格后，方可运行；对存在问题较多，一时难以修复的电梯，应吊销其安全使用证。"小王一方在举证证明时，可以依据以上的规定来证明商场存在不符合电梯安全特别要求的情形。当然，小王的祖父母作为（临时）监护人，对乘坐扶梯的注意事项应当有一定程度的认知，却未尽到充分的监护职责，也应承担相应的过错责任。

法律依据

《中华人民共和国侵权责任法》

第 3 条："被侵权人有权请求侵权人承担侵权责任。"

第 37 条第 1 款："宾馆、商场、银行、车站、娱乐场所等公共场所的管理人或者群众性活动的组织者，未尽到安全保障义务，造成他人损害的，应当承担侵权责任。"

《中华人民共和国消费者权益保护法》

第 11 条："消费者因购买、使用商品或者接受服务受到人身、财产损害的，享有依法获得赔偿的权利。"

第 18 条：" 经营者应当保证其提供的商品或者服务符合保障人身、财产安全的要求。对可能危及人身、财产安全的商品和服务，应当向消费者作出真实的说明和明确的警示，并说明和标明正确使用商品或者接受服务的方法以及防止危害发生的方法。

宾馆、商场、餐馆、银行、机场、车站、港口、影剧院等经营场所的经营者，应当对消费者尽到安全保障义务。"

最高人民法院《关于审理人身损害赔偿案件适用法律若干问题的解释》

第 6 条第 1 款："从事住宿、餐饮、娱乐等经营活动或者其他社会活动的自然人、法人、其他组织，未尽合理限度范围内的安全保障义务致使他人遭受人身损害，赔偿权利人请求其承担相应赔偿责任的，人民法院应予支持。"

12 留守儿童玩耍触电身亡，房东邻居承担什么责任？

典型事例

上小学的小王去看望城里打工的父母，一个人在外玩耍时，因触碰到搭有电线的屋外边铁门框不幸身亡。事后，经认定，造成事故的主要原因是二楼住户段某房屋的外接电线未有任何防护，电线破裂口与铁门框相接触，因地面潮湿而导电。事后，小王父母找房东李某和段某赔偿，可他们相互推脱。

法津分析

共同危险行为是指数人共同实施危及他人人身安全的行为并造成损害结果，而实际侵害行为人又无法确定的侵权行为。共同危险行为成立后，虽然真正侵害行为人只能是其中一人或一部分人，但如果无法确定谁是真正的侵害行为人，共同实施危险行为的数人承担连带责任。构成共同危险行为应当具备下列要件：

1. 行为是由数人实施的。共同危险行为的行为主体必须是二人或二人以上，这是共同危险行为成立的基本条件之一。一个人实施的行为即使造成他人损害，也只是一般侵权行为，不是共同危险行为。

2. 行为的性质具有危险性。侵权行为法中的共同危险行为的这种危险性，指的是侵害他人生命权、健康权、身体权以及财产权利的可能性，从主观上看，行为人没有致人损害的故意，既没有共同的故意，也没有单独的故意，只存在疏于注意的共同过失；从客观上，数人实施的行为有致人损害的现实可能性，这种致害他人的可能性可以从行为本身、周围环境以及行为人对致害可能性的控制条件上加以判断；此外，这一行为没有人为的侵害方向，共同危险行为不针对任何特定的人。

3. 具有危险性的共同行为是致人损害的原因。就行为而言，共同危险行为的危险性虽然是一种可能性，但就共同危险行为的构成而言，这种危险性已经转化为现实的、客观的损害结果，具有危险性的共同行为与损害事实之间具有客观的因果关系。共同危险行为与损害结果没有因果关系的，不构成共同危险行为。

4. 损害结果不是共同危险行为人全体所致，但不能判明谁是加害人。在共同危险行为中，必须确认，损害结果的发生不是全体共同危险行为人的行为所致，如果是全体共同危险行为人所致，即为共同侵权行为人；但是在全体共同危险行为人之中，又不能判明谁是真正的加害人，如果已经判明谁是加害人，则应由已经判明的加害人来承担赔偿责任。只有损害结果不是全体共同危险行为人所致，又不能判明谁是加害人，才能构成共同危险行为。

依据《侵权责任法》第 10 条的规定，二人以上实施危及他人人身、财产安全的行为，其中一人或者数人的行为造成他人损害，能够确定具体侵权人的，由侵权人承担责任；不能确定具体侵权人的，行为人承担连带责任。本案中，段某房屋的外接电线未有任何防护，电线破裂口与小王触电死亡有直接因果关系，作为电线的管理人，段某应就损害后果承担民事赔偿责任；又因导电的铁门框是李某安装的，段某外接电线垂落在铁门上后，一直没有任何漏电保护装置，存在明显的安全隐患，而李某未及时采取措施，存在疏忽管理的过失，应承担责任。所以，二人的行为构成共同侵权，应承担连带责任。同时，小王的父母作为监护人未尽到监护义务，也应承担责任。

法 律依据

《中华人民共和国侵权责任法》

第 2 条第 1 款："侵害民事权益，应当依照本法承担侵权责任。"

第 10 条："二人以上实施危及他人人身、财产安全的行为，其中一人或者数人的行为造成他人损害，能够确定具体侵权人的，由侵权人承担责任；不能确定具体侵权人的，行为人承担连带责任。"

第 13 条："法律规定承担连带责任的，被侵权人有权请求部分或者全部连带责任人承担责任。"

最高人民法院《关于审理人身损害赔偿案件适用法律若干问题的解释》

第4条："二人以上共同实施危及他人人身安全的行为并造成损害后果，不能确定实际侵害行为人的，应当依照民法通则第一百三十条规定承担连带责任。共同危险行为人能够证明损害后果不是由其行为造成的，不承担赔偿责任。"

《中华人民共和国民法通则》

第130条："二人以上共同侵权造成他人损害的，应当承担连带责任。"

第131条："受害人对于损害的发生也有过错的，可以减轻侵害人的民事责任。"

13 留守儿童玩注射器伤人，应该由谁担责？

典型事例

乡村赤脚医生王某为李某进行注射后，将一次性注射器放在床边。李某的孙子小李（5岁）与邻居孩子小红见到注射器很好奇，就抢了起来，小李不慎将针头扎到小红左眼部位。王某立即对小红眼睛作简单处理，并告知小红母亲应立刻送医院检查治疗。可直到事后第5天，小红母亲才带她到医院治疗，共花了医疗费4万余元。事后，因小李父母、王某相互推脱，未能达成赔偿协议，诉至法院。

法律分析

我国《民法通则》没有对分别侵权作出规定，最高人民法院《关于审理人身损害赔偿案件适用法律若干问题的解释》第3条第

2款规定："二人以上没有共同故意或者共同过失，但其分别实施的数个行为间接结合发生同一损害后果的，应当根据过失大小或者原因力比例各自承担相应的赔偿责任。"适用本条规定应当符合下列构成要件：①二人以上分别实施侵权行为，即二人以上分别实施侵权行为，要求数个侵权行为相互之间是独立的；②造成同一损害后果，如果数个侵权行为造成的损害后果不同，可以明显区分，就不能适用本条。

根据本条规定，数个行为人应当承担按份责任。这与《侵权责任法》第11条在法律后果上有本质区别：第11条在构成要件上更加严格，要求各个行为人承担连带责任也是符合法理的。在分别侵权制度中，确定各个行为人应当承担的份额，可以分两种情形讨论。

第一，能够确定责任大小的。虽然数个侵权行为结合造成了同一损害，但是在大部分案件中，可以根据各个侵权行为对造成损害后果的可能性（盖然性）来确定责任份额。判断这种可能性，可以综合各个行为人的过错程度、各个侵权行为与损害后果因果关系的紧密程度、公平原则以及政策考量等因素来确定。有的学者将这种可能性称为"原因力"，指在构成损害结果的共同原因中，每一个原因对于损害结果发生或扩大所发挥的作用力。法律不可能脱离具体案件，事先抽象出各种确定责任份额的标准，只能由法官在具体案件中综合考虑各种因素来确定。

第二，难以确定责任大小的。责任分配的尺度很难有一个可以数量化的标准，在某些情形下，由于案情复杂，很难分清每个侵权行为对损害后果的作用力究竟有多大。难以确定责任大小的，各个行为人平均承担赔偿责任。

本事例中，小李的父母、李某和小红母亲都应承担相应的责任。小红是被小李玩注射器扎伤，因小李的父母在外，其祖父母是直接监护人，却疏于安全防范；王某对使用过后的医用器材随意放置，同样存在过错；小红母亲于事发后，未听医生劝说及时带小红就医，也存在过错，应对导致损失扩大部分承担相应的责任。依据《侵权责任法》第 12 条的规定，除小红扩大损失部分，应由小李监护人与王某平均承担赔偿。

法 律依据

《中华人民共和国侵权责任法》

第 12 条："二人以上分别实施侵权行为造成同一损害，能够确定责任大小的，各自承担相应的责任；难以确定责任大小的，平均承担赔偿责任。"

第 26 条："被侵权人对损害的发生也有过错的，可以减轻侵权人的责任。"

最高人民法院《关于审理人身损害赔偿案件适用法律若干问题的解释》

第 3 条第 2 款："二人以上没有共同故意或者共同过失，但其分别实施的数个行为间接结合发生同一损害后果的，应当根据过失大小或者原因力比例各自承担相应的赔偿责任。"

14 保障农村留守儿童权益的法律措施有哪些？

典 型事例

今年 6 岁的小王是前进村的一个留守儿童，在农村由他的爷爷监护照顾。他有一个在政法大学读书的表哥，前几天，表哥来看望小王时，向小王的爷爷讲解了国家有关保障留守儿童的权益的法律法规，小王的爷爷觉得很重要，于是让小王的表哥专门列举了一些国家现在保护农村留守儿童的法律法规。

法律分析

　　留守儿童是指父母双方或一方外出到城市打工，而自己留在农村生活的孩子们。他们一般与自己的父亲或母亲中的一人，或者与上辈亲人，甚至父母亲的其他亲戚、朋友一起生活。留守儿童问题是近年来一个突出的社会问题，随着社会的发展，农村留守儿童的监护、教育以及人身安全问题已不容忽视。事实上加强对农村留守儿童的法律权益保护利于其身心的健康发展，避免因父母外出务工，生活和教育上得不到照顾和教导而产生的不利影响。另外，通过保障农村留守儿童的权利，避免侵害的发生，有利于我国农村家庭的和谐发展。此外，对于留守儿童权益提供法律保障也促进了农村的经济及教育等方面的建设与发展。因此，我们更加需要保护农村留守儿童权益，针对留守儿童存在的突出问题采取相应的对策是当务之急。

　　1. 我国有关儿童的立法有《未成年人保护法》、《预防未成年人犯罪法》和《义务教育法》等，但总体而言，目前针对留守儿童保护的相关法律法规比较滞后，没有专门立法，且缺乏可操作性。因此，应完善针对留守儿童的立法建设，为完善留守儿童权益保护机制提供法律依据。在法律法规的制定、修订中，要特别关注留守儿童受教育权、人身权与财产权，确立留守儿童法律援助制度，当留守儿童的合法权益受到不法侵害时，在留守儿童无监护人照看或其监护人确已无能为力之时，应积极地为他们提供无偿法律援助。要厘清监护人的法律责任，明确家长、学校等的责任划分，用法律形式明确规定哪些法定监护职责不得委托他人行使，防止相互推诿现象的发生。要建立监护人监督法律制度，对监护人的失职行为或滥用监护权的行为采取制裁措施。

2. 解决留守儿童的监护上存在的问题。80% 以上的留守儿童是由祖父母隔代监护和亲友临时监护。年事已高、文化素质较低的祖辈监护人基本没有能力辅导和监督孩子学习。农村学校受办学条件、师资力量、教学理念的局限与制约，针对留守儿童的需求提供特殊有效的教育和关爱力不从心，学校与家庭之间缺乏沟通。家庭和学校监护不力，导致相当数量的留守儿童产生厌学、逃学、辍学现象。为此，应做到以下几点：

（1）加强法定监护人的监护职责。父母的监护职责不仅包括支付教育费用的义务，还应包括探望，照顾孩子的生活，以良好品行对孩子进行管理和教育，保护被监护人的合法权益等义务。父母应尽量将孩子带在身边履行监护职责，这样，就能够及时了解孩子在学习、心理以及生活方面的需求，引导子女成长。当然，在父母外出打工而实在没有条件带上孩子时，则要选择适当的监护人。同时，还要及时与子女以及学校进行积极地沟通。

（2）完善委托监护制度。首先，要加强受委托人应具备的条件；其次，要规范对留守儿童的监护委托行为；最后，还应加强对委托监护人的监督，对其失职行为进行检举和控告等，从而遏制侵害被监护人权益现象的再发生。

（3）加强社会力量援助。目前，政府虽然积极采取各种方法不断改善留守儿童生活和学习状况，但政府资源还是有限的，对留守儿童进行监护的条件也尚不成熟。所以，在这样的情况下，我们认为可以在社区或学校的组织下，以民间的捐献、志愿者的参与为主体，逐步推行留守儿童的集体监护。而且集体监护也正好为社会大众参与留守儿童的监护提供一个平台。

（4）充分发挥被监护人所在地居（村）民委员会对留守儿童监护的监督作用。居委会要对亲权人就留守儿童的监护委托安排情况进行监督。首先，对监护人资格进行初步审查：就委托协议的拟订和签订提供指导，对委托监护协议进行登记备案。其次，对监护人日常监护活动进行监督：当监护人有违反监护职责、侵犯被监护人利益的行为时向人民法院报告，法院经审查后可撤销其监护人的资格。

（5）创设国家监护制度，以使监护主体制度公法化。由国家介入对留守儿童的监护，可以在农村直接设立儿童福利机构承担监护职责，儿童福利院和少年儿童保护教育中心应属此类机构；也可以委托具有监护能力并愿意承担监护职责的社会成员和民间组织，由国家给付一定监护报酬，民政和其他部门对其监护行为进行监督检查。

3. 对留守儿童进行自我保护能力的教育，增强自我防范意识，提高防御能力，从而对那些思想不稳定、有潜在违法犯罪意识及有劣迹的学生时刻敲响警钟，防患于未然，将一些违法犯罪的隐患消灭在萌芽状态。组织学生参观监狱、看守所、少管所等，请服刑或劳教的青少年给他们上警示教育课，让他们从小就对法律知识有所了解，有清醒的是非对错观念，远离违法犯罪。

4. 在农村教育过程中出现了城乡义务教育的不平等，所以应该修改相关法律，调整相关政策，尽快制定留守儿童权益保护的相关条例。与此同时，提供外来务工人员子女在户籍外的地区入学的机会，给予这些农村留守儿童充足的教育资源。此外，学校应建立留守儿童成长档案和联系卡制度。学校每学期都要对留守儿童的家庭情况、教育和托管情况以及父母的打工地点和联系方式等进行全面的了解。这样不仅可以帮助教师全面掌握留守儿童在学习和生活等方面的问题，同时，也可以帮助家长了解孩子的状况，及时与学校协商有效的教育方法。

5. 加快户籍制度和与之相关的就业、教育体制改革。国务院《关于进一步推进户籍制度改革的意见》（以下简称《意见》），部署深入贯彻落实党的十八大、十八届三中全会和中央城镇化工作会议关于进一步推进户籍制度改革的要求。《意见》的出台,标志着进一步推进户籍制度改革开始进入全面实施阶段。户籍制度最突出的弊端就是区分"农业"与"非农业",这样人为地将城市儿童和农村儿童区分开来。由于进城务工人员在城市享受不到相应的社会保障,为节约成本只得将孩子留在农村。户籍制度和教育制度已经影响了农村留守儿童平等的受教育权,应加快户籍制度改革,取消对进城务工农民工子女入学的限制,尽力为随迁子女提供义务教育,明确城市政府对务工子女义务教育的责任。

6. 完善行政监督。

(1)通过建立留守儿童法律援助中心,为这些孩子提供切实可行的法律援助,从而避免农村留守儿童权益受到侵害,使留守儿童的监护权及受教育权等权益得到法律应有的保障。例如,加大对农村留守儿童不法侵害惩罚力度,严惩教唆留守儿童进行违法犯罪的教唆犯。

(2)还要增强留守儿童的法制观念。可以聘请法律界人士作为学校的法制教育老师,定期给孩子们上法律知识课,组织学习《未成年人保护法》和《预防未成年人犯罪法》等法律法规,建立一批青少年法制教育基地,用以案说法的形式,让普法教育走进校园,使留守儿童逐步养成学法、知法、懂法、守法的好习惯,降低这些留守儿童因无父母监护或是得不到适当的监护而误入歧途进行违法犯罪的概率。

(3)民政部门可以将符合农村低保条件的留守儿童纳入当地最低生活保障体系,卫生部门也要全面了解留守儿童的健康情况,及时提供综合全面的医疗保障。总之,通过政府各个部门的有效措施更好地为农村留守儿童的合法权益提供可靠的保障。

7. 优化留守儿童权益保护的环境。社会环境对儿童人格的形成具有重要的影响作用，社会对儿童行为的形成负有责任。要广泛动员全社会的力量，鼓励、引导社会力量关注留守儿童问题，调动其做好留守儿童权益保护工作的积极性和主动性，推进各种社会组织、协会、志愿者等社会力量的参与，形成齐抓共管、共同参与的工作机制，营造留守儿童健康成长的良好社会环境和氛围。遵循这一原则就是要调动社会力量，加强对留守儿童法律权益的社会保护。要完善农村基础设施、合理调整学校布局；学校要组建专项工作队伍、建立与外出务工父母常态沟通机制；动员社会组织参与留守儿童工作，组织动员各类公益组织、农村各类协会、民间社团等社会组织共同参与留守儿童权益保护和服务工作，提高农村群众互帮互助的自助意识，增强农村社区的自我维护与服务能力；还要积极发挥志愿者及社会公益组织的作用，让他们开阔视野、吸取正能量、感受到来自社会的关爱从而弥补亲情等的缺失。

法律依据

《中华人民共和国未成年人保护法》

第 10 条："父母或者其他监护人应当创造良好、和睦的家庭环境，依法履行对未成年人的监护职责和抚养义务。

禁止对未成年人实施家庭暴力，禁止虐待、遗弃未成年人，禁止溺婴和其他残害婴儿的行为，不得歧视女性未成年人或者有残疾的未成年人。"

第 11 条："父母或者其他监护人应当关注未成年人的生理、心理状况和行为习惯，以健康的思想、良好的品行和适当的方法教育和影响未成年人，引导未成年人进行有益身心健康的活动，预防和制止未成年人吸烟、酗酒、流浪、沉迷网络以及赌博、吸毒、卖淫等行为。"

第 12 条:"父母或者其他监护人应当学习家庭教育知识,正确履行监护职责,抚养教育未成年人。

有关国家机关和社会组织应当为未成年人的父母或者其他监护人提供家庭教育指导。"

第 13 条:"父母或者其他监护人应当尊重未成年人受教育的权利,必须使适龄未成年人依法入学接受并完成义务教育,不得使接受义务教育的未成年人辍学。"

第 14 条:"父母或者其他监护人应当根据未成年人的年龄和智力发展状况,在作出与未成年人权益有关的决定时告知其本人,并听取他们的意见。"

第 15 条:"父母或者其他监护人不得允许或者迫使未成年人结婚,不得为未成年人订立婚约。"

第 16 条:"父母因外出务工或者其他原因不能履行对未成年人监护职责的,应当委托有监护能力的其他成年人代为监护。"

第 50 条:"公安机关、人民检察院、人民法院以及司法行政部门,应当依法履行职责,在司法活动中保护未成年人的合法权益。"

第 51 条:"未成年人的合法权益受到侵害,依法向人民法院提起诉讼的,人民法院应当依法及时审理,并适应未成年人生理、心理特点和健康成长的需要,保障未成年人的合法权益。

在司法活动中对需要法律援助或者司法救助的未成年人,法律援助机构或者人民法院应当给予帮助,依法为其提供法律援助或者司法救助。"

第 52 条:"人民法院审理继承案件,应当依法保护未成年人的继承权和受遗赠权。

人民法院审理离婚案件,涉及未成年子女抚养问题的,应当听取有表达意愿能力的未成年子女的意见,根据保障子女权益的原则和双方具体情况依法处理。"

第53条："父母或者其他监护人不履行监护职责或者侵害被监护的未成年人的合法权益，经教育不改的，人民法院可以根据有关人员或者有关单位的申请，撤销其监护人的资格，依法另行指定监护人。被撤销监护资格的父母应当依法继续负担抚养费用。"

第54条："对违法犯罪的未成年人，实行教育、感化、挽救的方针，坚持教育为主、惩罚为辅的原则。

对违法犯罪的未成年人，应当依法从轻、减轻或者免除处罚。"

第55条："公安机关、人民检察院、人民法院办理未成年人犯罪案件和涉及未成年人权益保护案件，应当照顾未成年人身心发展特点，尊重他们的人格尊严，保障他们的合法权益，并根据需要设立专门机构或者指定专人办理。"

第56条："讯问、审判未成年犯罪嫌疑人、被告人，询问未成年证人、被害人，应当依照刑事诉讼法的规定通知其法定代理人或者其他人员到场。

公安机关、人民检察院、人民法院办理未成年人遭受性侵害的刑事案件，应当保护被害人的名誉。"

第57条："对羁押、服刑的未成年人，应当与成年人分别关押。

羁押、服刑的未成年人没有完成义务教育的，应当对其进行义务教育。

解除羁押、服刑期满的未成年人的复学、升学、就业不受歧视。"

第58条："对未成年人犯罪案件，新闻报道、影视节目、公开出版物、网络等不得披露该未成年人的姓名、住所、照片、图像以及可能推断出该未成年人的资料。"

第 59 条:"对未成年人严重不良行为的矫治与犯罪行为的预防,依照预防未成年人犯罪法的规定执行。"

《中华人民共和国预防未成年人犯罪法》

第 7 条:"教育行政部门、学校应当将预防犯罪的教育作为法制教育的内容纳入学校教育教学计划,结合常见多发的未成年人犯罪,对不同年龄的未成年人进行有针对性的预防犯罪教育。"

第 8 条:"司法行政部门、教育行政部门、共产主义青年团、少年先锋队应当结合实际,组织、举办展览会、报告会、演讲会等多种形式的预防未成年人犯罪的法制宣传活动。

学校应当结合实际举办以预防未成年人犯罪的教育为主要内容的活动。教育行政部门应当将预防未成年人犯罪教育的工作效果作为考核学校工作的一项重要内容。"

第 9 条:"学校应当聘任从事法制教育的专职或者兼职教师。学校根据条件可以聘请校外法律辅导员。"

第 10 条:"未成年人的父母或者其他监护人对未成年人的法制教育负有直接责任。学校在对学生进行预防犯罪教育时,应当将教育计划告知未成年人的父母或者其他监护人,未成年人的父母或者其他监护人应当结合学校的计划,针对具体情况进行教育。"

第 11 条:"少年宫、青少年活动中心等校外活动场所应当把预防未成年人犯罪的教育作为一项重要的工作内容,开展多种形式的宣传教育活动。"

第 12 条:"对于已满十六周岁不满十八周岁准备就业的未成年人,职业教育培训机构、用人单位应当将法律知识和预防犯罪教育纳入职业培训的内容。"

第 13 条:"城市居民委员会、农村村民委员会应当积极开展有针对性的预防未成年人犯罪的法制宣传活动。"

第24条："教育行政部门、学校应当举办各种形式的讲座、座谈、培训等活动，针对未成年人不同时期的生理、心理特点，介绍良好有效的教育方法，指导教师、未成年人的父母和其他监护人有效地防止、矫治未成年人的不良行为。"

第25条："对于教唆、胁迫、引诱未成年人实施不良行为或者品行不良，影响恶劣，不适宜在学校工作的教职员工，教育行政部门、学校应当予以解聘或者辞退；构成犯罪的，依法追究刑事责任。"

第26条："禁止在中小学校附近开办营业性歌舞厅、营业性电子游戏场所以及其他未成年人不适宜进入的场所。禁止开办上述场所的具体范围由省、自治区、直辖市人民政府规定。

对本法施行前已在中小学校附近开办上述场所的，应当限期迁移或者停业。"

第27条："公安机关应当加强中小学校周围环境的治安管理，及时制止、处理中小学校周围发生的违法犯罪行为。城市居民委员会、农村村民委员会应当协助公安机关做好维护中小学校周围治安的工作。"

第28条："公安派出所、城市居民委员会、农村村民委员会应当掌握本辖区内暂住人口中未成年人的就学、就业情况。对于暂住人口中未成年人实施不良行为的，应当督促其父母或者其他监护人进行有效的教育、制止。"

第29条："任何人不得教唆、胁迫、引诱未成年人实施本法规定的不良行为，或者为未成年人实施不良行为提供条件。"

第30条："以未成年人为对象的出版物，不得含有诱发未成年人违法犯罪的内容，不得含有渲染暴力、色情、赌博、恐怖活动等危害未成年人身心健康的内容。"

第31条："任何单位和个人不得向未成年人出售、出租含有诱发未成年人违法犯罪以及渲染暴力、色情、赌博、恐怖活动等危害未成年人身心健康内容的读物、音像制品或者电子出版物。

任何单位和个人不得利用通讯、计算机网络等方式提供前款规定的危害未成年人身心健康的内容及其信息。"

第32条："广播、电影、电视、戏剧节目，不得有渲染暴力、色情、赌博、恐怖活动等危害未成年人身心健康的内容。

广播电影电视行政部门、文化行政部门必须加强对广播、电影、电视、戏剧节目以及各类演播场所的管理。"

第33条："营业性歌舞厅以及其他未成年人不适宜进入的场所，应当设置明显的未成年人禁止进入标志，不得允许未成年人进入。

营业性电子游戏场所在国家法定节假日外，不得允许未成年人进入，并应当设置明显的未成年人禁止进入标志。

对于难以判明是否已成年的，上述场所的工作人员可以要求其出示身份证件。"

15 侵犯留守儿童权益可能受到哪些处罚？

典型事例

小王是农村的一个留守儿童，父母常年在城市打工。小王的实际监护人爷爷老王，年纪较大观念落后，法制意识不强，所以老王怕自己宝贝孙子的权益受到损害，想了解一些关于保护留守儿童权益的法律法规。终于在一次农村的普法宣传中，普法人员给老王详细地讲解了相关的法律法规。

法津分析

留守儿童权益保护一直是一个备受关注的问题。侵犯留守儿童权益可能受到多个方面的处罚。刑事方面可能会犯强奸罪、猥亵儿童罪、拐卖儿童罪、拐骗儿童罪、组织儿童乞讨罪、组织未成年人进行违反治安管理活动罪等；达不到刑事处罚标准的可能受到行政处罚和承担民事方面的侵权责任。

法津依据

《中华人民共和国刑法》

第236条："以暴力、胁迫或者其他手段强奸妇女的，处三年以上十年以下有期徒刑。

奸淫不满十四周岁的幼女的，以强奸论，从重处罚。

强奸妇女、奸淫幼女，有下列情形之一的，处十年以上有期徒刑、无期徒刑或者死刑：

（一）强奸妇女、奸淫幼女情节恶劣的；

（二）强奸妇女、奸淫幼女多人的；

（三）在公共场所当众强奸妇女的；

（四）二人以上轮奸的；

（五）致使被害人重伤、死亡或者造成其他严重后果的。"

第237条第3款："猥亵儿童的，依照前两款的规定从重处罚。"

第240条："拐卖妇女、儿童的，处五年以上十年以下有期徒刑，并处罚金；有下列情形之一的，处十年以上有期徒刑或者无期徒刑，并处罚金或者没收财产；情节特别严重的，处死刑，并处没收财产：

（一）拐卖妇女、儿童集团的首要分子；

（二）拐卖妇女、儿童三人以上的；

（三）奸淫被拐卖的妇女的；

（四）诱骗、强迫被拐卖的妇女卖淫或者将被拐卖的妇女卖给他人迫使其卖淫的；

（五）以出卖为目的，使用暴力、胁迫或者麻醉方法绑架妇女、儿童的；

（六）以出卖为目的，偷盗婴幼儿的；

（七）造成被拐卖的妇女、儿童或者其亲属重伤、死亡或者其他严重后果的；

（八）将妇女、儿童卖往境外的。

拐卖妇女、儿童是指以出卖为目的，有拐骗、绑架、收买、贩卖、接送、中转妇女、儿童的行为之一的。"

第262条："拐骗不满十四周岁的未成年人，脱离家庭或者监护人的，处五年以下有期徒刑或者拘役。"

第262条之一："以暴力、胁迫手段组织残疾人或者不满十四周岁的未成年人乞讨的，处三年以下有期徒刑或者拘役，并处罚金；情节严重的，处三年以上七年以下有期徒刑，并处罚金。"

第262条之二："组织未成年人进行盗窃、诈骗、抢夺、敲诈勒索等违反治安管理活动的，处三年以下有期徒刑或者拘役，并处罚金；情节严重的，处三年以上七年以下有期徒刑，并处罚金。"

《中华人民共和国未成年人保护法》

第41条："禁止拐卖、绑架、虐待未成年人，禁止对未成年人实施性侵害。

禁止胁迫、诱骗、利用未成年人乞讨或者组织未成年人进行有害其身心健康的表演等活动。"

第43条："县级以上人民政府及其民政部门应当根据需要设立救助场所，对流浪乞讨等生活无着未成年人实施救助，承担临时监护责任；公安部门或者其他有关部门应当护送流浪乞讨或者离家出走的未成年人到救助场所，由救助场所予以救助和妥善照顾，并及时通知其父母或者其他监护人领回。

对孤儿、无法查明其父母或者其他监护人的以及其他生活无着的未成年人，由民政部门设立的儿童福利机构收留抚养。

未成年人救助机构、儿童福利机构及其工作人员应当依法履行职责，不得虐待、歧视未成年人；不得在办理收留抚养工作中牟取利益。"

第60条："违反本法规定，侵害未成年人的合法权益，其他法律、法规已规定行政处罚的，从其规定；造成人身财产损失或者其他损害的，依法承担民事责任；构成犯罪的，依法追究刑事责任。"

第61条："国家机关及其工作人员不依法履行保护未成年人合法权益的责任，或者侵害未成年人合法权益，或者对提出申诉、控告、检举的人进行打击报复的，由其所在单位或者上级机关责令改正，对直接负责的主管人员和其他直接责任人员依法给予行政处分。"

第62条："父母或者其他监护人不依法履行监护职责，或者侵害未成年人合法权益的，由其所在单位或者居民委员会、村民委员会予以劝诫、制止；构成违反治安管理行为的，由公安机关依法给予行政处罚。"

第63条："学校、幼儿园、托儿所侵害未成年人合法权益的，由教育行政部门或者其他有关部门责令改正；情节严重的，对直接负责的主管人员和其他直接责任人员依法给予处分。

学校、幼儿园、托儿所教职员工对未成年人实施体罚、变相体罚或者其他侮辱人格行为的，由其所在单位或者上级机关责令改正；情节严重的，依法给予处分。"

第64条："制作或者向未成年人出售、出租或者以其他方式传播淫秽、暴力、凶杀、恐怖、赌博等图书、报刊、音像制品、电子出版物以及网络信息等的，由主管部门责令改正，依法给予行政处罚。"

第65条："生产、销售用于未成年人的食品、药品、玩具、用具和游乐设施不符合国家标准或者行业标准，或者没有在显著位置标明注意事项的，由主管部门责令改正，依法给予行政处罚。"

第66条："在中小学校园周边设置营业性歌舞娱乐场所、互联网上网服务营业场所等不适宜未成年人活动的场所的，由主管部门予以关闭，依法给予行政处罚。

营业性歌舞娱乐场所、互联网上网服务营业场所等不适宜未成年人活动的场所允许未成年人进入，或者没有在显著位置设置未成年人禁入标志的，由主管部门责令改正，依法给予行政处罚。"

第67条："向未成年人出售烟酒，或者没有在显著位置设置不向未成年人出售烟酒标志的，由主管部门责令改正，依法给予行政处罚。"

第68条："非法招用未满十六周岁的未成年人，或者招用已满十六周岁的未成年人从事过重、有毒、有害等危害未成年人身心健康的劳动或者危险作业的，由劳动保障部门责令改正，处以罚款；情节严重的，由工商行政管理部门吊销营业执照。"

第69条："侵犯未成年人隐私，构成违反治安管理行为的，由公安机关依法给予行政处罚。"

第70条："未成年人救助机构、儿童福利机构及其工作人员不依法履行对未成年人的救助保护职责，或者虐待、歧视未成年人，或者在办理收留抚养工作中牟取利益的，由主管部门责令改正，依法给予行政处分。"

第71条："胁迫、诱骗、利用未成年人乞讨或者组织未成年人进行有害其身心健康的表演等活动的，由公安机关依法给予行政处罚。"

《中华人民共和国预防未成年人犯罪法》

第49条："未成年人的父母或者其他监护人不履行监护职责，放任未成年人有本法规定的不良行为或者严重不良行为的，由公安机关对未成年人的父母或者其他监护人予以训诫，责令其严加管教。"

第50条："未成年人的父母或者其他监护人违反本法第十九条的规定，让不满十六周岁的未成年人脱离监护单独居住的，由公安机关对未成年人的父母或者其他监护人予以训诫，责令其立即改正。"

第51条："公安机关的工作人员违反本法第十八条的规定，接到报告后，不及时查处或者采取有效措施，严重不负责任的，予以行政处分；造成严重后果，构成犯罪的，依法追究刑事责任。"

第52条："违反本法第三十条的规定，出版含有诱发未成年人违法犯罪以及渲染暴力、色情、赌博、恐怖活动等危害未成年人身心健康内容的出版物的，由出版行政部门没收出版物和违法所得，并处违法所得三倍以上十倍以下罚款；情节严重的，没收出版物和违法所得，并责令停业整顿或者吊销许可证。对直接负责的主管人员和其他直接责任人员处以罚款。

制作、复制宣扬淫秽内容的未成年人出版物，或者向未成年人出售、出租、传播宣扬淫秽内容的出版物的，依法予以治安处罚；构成犯罪的，依法追究刑事责任。"

第53条："违反本法第三十一条的规定，向未成年人出售、出租含有诱发未成年人违法犯罪以及渲染暴力、色情、赌博、恐怖活动等危害未成年人身心健康内容的读物、音像制品、电子出版物的，或者利用通讯、计算机网络等方式提供上述危害未成年人身心健康内容及其信息的，没收读物、音像制品、电子出版物和违法所得，由政府有关主管部门处以罚款。

单位有前款行为的，没收读物、音像制品、电子出版物和违法所得，处以罚款，并对直接负责的主管人员和其他直接责任人员处以罚款。"

第54条："影剧院、录像厅等各类演播场所，放映或者演出渲染暴力、色情、赌博、恐怖活动等危害未成年人身心健康的节目的，由政府有关主管部门没收违法播放的音像制品和违法所得，处以罚款，并对直接负责的主管人员和其他直接责任人员处以罚款；情节严重的，责令停业整顿或者由工商行政部门吊销营业执照。"

第55条："营业性歌舞厅以及其他未成年人不适宜进入的场所、营业性电子游戏场所，违反本法第三十三条的规定，不设置明显的未成年人禁止进入标志，或者允许未成年人进入的，由文化行政部门责令改正、给予警告、责令停业整顿、没收违法所得，处以罚款，并对直接负责的主管人员和其他直接责任人员处以罚款；情节严重的，由工商行政部门吊销营业执照。"

第56条："教唆、胁迫、引诱未成年人实施本法规定的不良行为、严重不良行为，或者为未成年人实施不良行为、严重不良行为提供条件，构成违反治安管理行为的，由公安机关依法予以治安处罚；构成犯罪的，依法追究刑事责任。"

《中华人民共和国宪法》

第46条："中华人民共和国公民有受教育的权利和义务。

国家培养青年、少年、儿童在品德、智力、体质等方面全面发展。"

《社会救助暂行办法》

第66条："违反本办法规定，有下列情形之一的，由上级行政机关或者监察机关责令改正；对直接负责的主管人员和其他直接责任人员依法给予处分：

（一）对符合申请条件的救助申请不予受理的；

（二）对符合救助条件的救助申请不予批准的；

（三）对不符合救助条件的救助申请予以批准的；

（四）泄露在工作中知悉的公民个人信息，造成后果的；

（五）丢失、篡改接受社会救助款物、服务记录等数据的；

（六）不按照规定发放社会救助资金、物资或者提供相关服务的；

（七）在履行社会救助职责过程中有其他滥用职权、玩忽职守、徇私舞弊行为的。"

第67条："违反本办法规定，截留、挤占、挪用、私分社会救助资金、物资的，由有关部门责令追回；有违法所得的，没收违法所得；对直接负责的主管人员和其他直接责任人员依法给予处分。"

第68条："采取虚报、隐瞒、伪造等手段，骗取社会救助资金、物资或者服务的，由有关部门决定停止社会救助，责令退回非法获取的救助资金、物资，可以处非法获取的救助款额或者物资价值1倍以上3倍以下的罚款；构成违反治安管理行为的，依法给予治安管理处罚。"

16 五保孤寡老人遭遇车祸应该如何维权？

典型事例

老王是已迈入花甲之年（66 岁）的老年人，在政府的资助下独自过着平淡、平安、快活的小日子，时不时地还会到邻居家串串门、与两位哥哥聊聊天、与其他亲戚叙叙旧。谁料天有不测风云，某日，老王像往常一样在村里道路行走时被从背后疾驰而过的由老李驾驶的轿车撞到头部，造成急性、重型颅脑外伤等严重伤情，老王当场即昏迷不醒，刚入院即收到病危通知书，即便在四个多月的住院期间，老王也一直处于昏迷状态且医院多次发出病危通知书。本次事故经交警大队认定，老王不负事故责任，老李负事故全部责任。老王属于国家五保供养对象，且长期蜗居于哥哥的住处，无力承担高昂的医疗费。尽管老李在老王刚入院时垫付了两万余元的医疗等费用，但由于伤情的严重性，其垫付的费用根本就是杯水车薪，无法阻挡医院源源不断发出的催款通知单。老王的亲戚为此多次到老李家要求支付医疗费，但老李均拒绝支付。为了能够使老王得到继续治疗，老王的大哥（已入耄耋之年，84 岁高龄）和二哥（已入花甲之年，67 岁高龄）（以下简称"二老"）向其伸出了援手，但高昂的医疗费和贫困的家境也仅能维持一段时间的治疗。无奈之下，二老不得不为老王办理了出院手续。在住院治疗四个多月后，老王仍然处于昏迷状态、生活完全不能自理，住院期间的日常生活全靠亲戚的轮流照料。出院时，医生根据病情多次嘱咐要派人悉心照料、加强营养、加强护理（注意加强翻身、拍背）、加强肢体功能锻炼、继续康复治疗等。老王的伤情经鉴定为一级伤残和完全护理依赖，后来，老王死亡。由于本案的特殊性，法院特别召集双方进行调解。调解中，老李否认自己的侵权行为造成老王的死亡，但同意给予 4 万元的人道主义补偿。二老明确指出，老李的侵权行为是造成老王死亡的直接原因，但无论法院如何做工作，承办律师如何讲理说法，老李均不承认是其侵权行为导致老王的死亡，最终双方未能达成调解。

法律分析

本案中，如何确认谁为被告以最大程度地保护老王的合法权益，是诉讼的第一步。最终，确定老李、保险公司为被告能更好地保护老王的利益。在诉讼过程中，老李不服二老自行委托鉴定机构出具的鉴定结论，向法院申请重新鉴定，法院批准了重新鉴定的申请。但在鉴定过程中，老王因此次交通事故造成的伤情而死亡。对此，承办律师耐心地向老王的亲人解释，根据我国法律规定（最高人民法院《关于适用〈中华人民共和国民事诉讼〉的解释》第 55 条规定，在诉讼中，一方当事人死亡，有继承人的，裁定中止诉讼，人民法院应及时通知继承人作为当事人承担诉讼，被继承人已经进行的诉讼行为对承担诉讼的继承人有效），老王的继承人仍有权参与本次诉讼并要求老李赔偿。本案中，老王是孤寡老人，不存在第一顺位继承人，作为第二顺位继承人的两位哥哥就是适格的原告。

本案中，应该注意的法律问题如下：

1. 本案诉讼主体是否适格？老李认为，由于老王为国家五保供养对象，依据《农村五保供养工作条例》的规定，老王因享受了五保供养待遇而阻却了二老的继承权。老李所依据的 1994 年发布的《农村五保供养工作条例》已被废止，2006 年发布的《农村五保供养工作条例》中并没有对五保户的遗产作处理，因此老李的主张没有法律依据。此外，根据最高人民法院《关于审理人身损害赔偿案件适用法律若干问题的解释》第 1 条的规定，二老属于法律规定的赔偿权利人，五保供养身份不影响权利人资格的认定，且本案的所有损失属于法律规定的权利人可以索赔的项目，不属于遗产。

2. 老王的死亡与老李的侵权行为之间是否存在因果关系？是否追究刑事责任不影响因果关系的认定。从肇事车辆所撞部位为人体重要部位——头部及急性、重型颅脑外伤等严重伤情、病危通知书（其中一句描述为"因患者现处于昏迷状态，存在全身器官功能障碍可能，病情危重"）、一级伤残和完全护理依赖的鉴定结论、出院后仍长期处于昏迷状态的事实可以得出，交通事故致老王生命垂危，随时可能死亡，足以认定交通事故是造成老王死亡的直接原因，况且，老李没有任何证据证明老王的死亡系由其他原因引起。因此，二者之间存在因果关系。

3. 《残疾评定表》中的精神残疾是否等同于伤残鉴定中的精神残疾？老李认为，提供的《残疾评定表》能够证明老王在交通事故发生前即是一级精神残疾，因此其残疾赔偿金无须赔偿。残疾人评定中的精神残疾与伤残鉴定中的精神残疾完全不同，不能混为一谈。二者存在以下四个显著不同点：

（1）二者评定标准不同。据老李提供的《中华人民共和国残疾评定表》精神残疾载明的"WHO－DAS Ⅱ标准"可知，其评定依据是《世界卫生组织残疾评定量表第二版（WHO－DAS－Ⅱ)》。而鉴定结论的评定依据是《GB18667－2002 道路交通事故受伤人员伤残评定》。

（2）二者分级级数不同。老李所主张的依据仅分为四级，而伤残鉴定则共分 10 个等级。

（3）二者评定所依据的事实不同。老李主张的是老王有精神分裂症；而鉴定结论依据的是老王的身体残疾，即日常生活完全不能自理的事实，不涉及精神状况的检验与认定。

（4）二者评定严格程度不同。老李主张的精神一级残疾仅单个医师作出，且缺乏诊断病历证明确有精神分裂症，缺乏详细的评分项目、评分标准以及评分依据，而鉴定结论则由两名具有司法鉴定执业资格的鉴定人依据明确的标准分析得出，明显更严肃、更可靠、更可信。由此可见，残疾评定和伤残评定虽仅一字之差，但二者完全不同。本案的鉴定结论完全合法合理，应当依法采纳。

4. 老王的五保供养身份能否阻却其索赔丧葬费？五保供养系国家之福利，不能因此而使侵权人从中受益，不影响赔偿权利人向侵权人索赔。

5. 保险公司的责任承担。依据相关法律的规定，保险公司与老李作为共同被告，应该承担交强险责任限额内的赔偿责任。

最终，法院作出判决，由保险公司在交强险责任限额内赔偿12万元，由老李赔偿46万元余，老王不承担责任。

法 律依据

最高人民法院《关于适用〈中华人民共和国民事诉讼法〉的解释》

第55条："在诉讼中，一方当事人死亡，需要等待继承人表明是否参加诉讼的，裁定中止诉讼。人民法院应及时通知继承人作为当事人承担诉讼，被继承人已经进行的诉讼行为对承担诉讼的继承人有效。"

最高人民法院《关于审理人身损害赔偿案件适用法律若干问题的解释》

第1条："因生命、健康、身体遭受侵害，赔偿权利人起诉请求赔偿义务人赔偿财产损失和精神损害的，人民法院应予受理。

本条所称'赔偿权利人'，是指因侵权行为或者其他致害原因直接遭受人身损害的受害人、依法由受害人承担扶养义务的被扶养人以及死亡受害人的近亲属。

本条所称'赔偿义务人'，是指因自己或者他人的侵权行为以及其他致害原因依法应当承担民事责任的自然人、法人或者其他组织。"

17 麦地被淹，孤寡老人如何维权？

典型事例

2013 年，老王擅自在自己屋前修建了一条下水道，而下水道的出水口竟然修到了老李的麦地里。老李一生未婚，膝下也无子女，多年来一个人孤苦无依的生活，是村里的五保老人。老李独自耕种着一块 1 亩的承包地，每天日出而作，日落而息。数月前，麦田里的麦子已经成熟，老李拿着镰刀准备前去收割，到了田头却傻了眼，他发现麦地里都是积水，根本无法收割。经过排查，老李才发现地里不知何时被挖了个"大窟窿"，原来是有一个下水道正向自己的麦地里排水，导致自己的地里积水，而这条下水道正是老王私自修建的。老李找到老王理论，但老王不理不睬，并未把老李的话放到心里。老李看着无望，心里就合计着第二天找村里协调。谁知"屋漏偏逢连夜雨"，当天晚上，就下起了暴雨，加之老王修建的下水道向老李的麦地里排水，一时间麦地被淹，且积水无法排除，老李眼看着熟透了的麦子在地里发芽、烂掉。经村里、镇里及司法所调解未果后，老李无奈诉至法院，请求法院判决老王赔偿其财产损失 1000 元。应双方当事人请求，王法官冒雨前往麦地实地勘察。麦地十分泥泞，且杂草丛生，为找出下水道出水口，王法官亲自使用镰刀割除杂草，绘制麦地及下水道方位示意图，并主动上门，找被告老王了解情况，阐明法理，让被告了解老李为此受到的损失。法官亲切耐心的说法，让被告认识到自身的错误，当即表示愿意配合调解。双方最后达成协议，约定由老王赔偿老李麦子损失 600 元，并从即日起将自己私自修建的下水道出水口堵死。

法律分析

相邻权指不动产的所有人或使用人在处理相邻关系时所享有的权利。具体来说，在相互毗邻的不动产的所有人或者使用人之间，任何一方为了合理行使其所有权或使用权，都享有要求其他相邻方提供便利或是接受一定限制的权利。相邻不动产的所有人或使用人在行使自己的所有权或使用权时，应当以不损害其他相邻人的合法权益为原则。如果因权利的行使，给相邻人的人身或财产造成危害的，相邻人有权要求停止侵害、消除危险和赔偿损失。在处理相邻关系时，相邻各方应该本着有利生产、方便生活、团结互助、公平合理的原则，互谅互让，协商解决。协商不成，可以请求人民法院依法解决。在建房挖沟时，应当与邻人房屋等不动产保持一定距离，不得影响邻人房基，不得将屋檐水或流水泻入邻人的土地或房屋，也不得影响他人通风、采光或生活。本事例中老王擅自在自己屋前修建了一条下水道，将水擅自排放进孤寡老人老李的麦地里，造成了老李的损失发生，依据相关法律的规定，老王应该对给老李的损失进行赔偿。

法律依据

《中华人民共和国物权法》

第 84 条："不动产的相邻权利人应当按照有利生产、方便生活、团结互助、公平合理的原则，正确处理相邻关系。"

第 92 条："不动产权利人因用水、排水、通行、铺设管线等利用相邻不动产的，应当尽量避免对相邻的不动产权利人造成损害；造成损害的，应该给予赔偿。"

《中华人民共和国民法通则》

第 83 条："不动产的相邻各方，应当按照有利生产、方便生活、团结互助、公平合理的精神，正确处理截水、排水、通行、通风、采光等方面的相邻关系。给相邻方造成妨碍或者损失的，应当停止侵害，排除妨碍，赔偿损失。"

最高人民法院《关于适用〈中华人民共和国民法通则〉若干问题的意见（试行）》

第 99 条："相邻一方必须使用另一方的土地排水的，应当予以准许；但应在必要限度内使用并采取适当的保护措施排水，如仍造成损失的，由受益人合理补偿。

相邻一方可以采取其他合理的措施排水而未采取，向他方土地排水毁损或者可能毁损他方财产，他方要求致害人停止侵害、消除危险、恢复原状、赔偿损失的，应当予以支持。"

---

18 孤寡老人车祸后和解，事后能否反悔再诉讼？

典型事例

老王是老虎村的一位孤寡老人，2012 年 1 月 26 日上午，他骑人力三轮车行至某小学路段上坡处时，被同向行驶的小李驾驶的黑色桑塔纳轿车撞倒，因伤住院 5 日，医疗费 502 元由小李支付。事故发生后，双方均未向交警部门报案。经双方协商，由小李赔偿其营养费 2000 元。老王出院后，常感身体不适，多次找小李要求继续治疗，被拒绝。老王的伤情经法医作出司法鉴定，认定该伤情与1月26日所发生的交通事故有一定因果关系，确需二次治疗，已构成伤残十级。老王据此找小李索赔，再次被拒之门外。无奈之下，他走进法庭，请求法庭依法维权。法庭受理此案后，多次组织双方当事人进行庭前调解。在审理过程中，法庭采取"阳光审判"，邀请了双方当事人住所地的村组织负责人到场，赋予其监督权和知情权，就案说法，辨法析理，层层剥笋，增加了彼此的信任度以及对法庭审理的满意度。审理过程中，双方和解并达成和解协议如下：由被告小李承担原告老王全部损失的40%，计款15000元。但是，事后老王反悔，觉得赔偿的数额太少，要求小李增加赔偿，但是小李拒绝赔偿，老王不知道能否再次向法院起诉。

法律分析

诉讼和解是指在民事诉讼进行中，当事人双方就争议的民事权益或法律关系自行协商，互相让步，达成和解协议，终结诉讼的行为或活动。诉讼中，当事人自行达成和解协议可转化为调解书，从而等同于生效判决的效力。根据法律相关规定，当事人在诉讼过程中自行达成和解协议的，人民法院可以根据当事人的申请依法确认和解协议并制作调解书，以调解方式结案。

诉讼和解和法院调解的区别是：法院调解是法院作为第三人在调解的基础上促使当事人达成调解协议终结诉讼的过程，调解协议与确定判决具有同等的法律效力。与诉讼和解比较而言，在调解过程中，法院积极主动的介入和促成协议的达成，所以在纠纷解决的高效性和合法性上，法院调解要优于诉讼和解。也正是因为法院在调解中扮演的积极角色，使得法院调解出现了这样那样的弊端，最常见的表现是：由于调解人员的双重身份——既是调解人员又是审判人员——及地位上的优势，以合意为基础的调解常常演变成大量渗入调解人员主观意志的强制型调解，从而违背了法院调解制度所追求的正义价值，最终使法院调解陷入尴尬的境地。而且法院调解过程中，调解与审判之间不可避免的有关联性，也就是说法院调解所带来的问题是其自身引起的，因而也是其自身无法克服的。而诉讼和解协议的最初达成去除了法院作为第三方的主动介入，纯粹由当事人自主协商，因此避免了法院调解的弊端，真正使诉讼上的合意成为可能。在这种意义上，诉讼和解有着法院调解的高效性、合法性和稳定性，又避免了法院调解的弊端，具有更优越的社会功能。

本事例中，二人虽然诉讼中达成和解协议，但是老王想要增加赔偿的要求并没有得到小李的承认，老王完全可以要求更改和解协议，也可以向人民法院提起诉讼。

法律依据

《中华人民共和国民事诉讼法》

第 9 条："人民法院审理民事案件，应当根据自愿和合法的原则进行调解；调解不成的，应当及时判决。"

第 13 条："民事诉讼应当遵循诚实信用原则。

当事人有权在法律规定的范围内处分自己的民事权利和诉讼权利。"

第 50 条："双方当事人可以自行和解。"

第 194 条："申请司法确认调解协议，由双方当事人依照人民调解法等法律，自调解协议生效之日起三十日内，共同向调解组织所在地基层人民法院提出。"

第 195 条："人民法院受理申请后，经审查，符合法律规定的，裁定调解协议有效，一方当事人拒绝履行或者未全部履行的，对方当事人可以向人民法院申请执行；不符合法律规定的，裁定驳回申请,当事人可以通过调解方式变更原调解协议或者达成新的调解协议,也可以向人民法院提起诉讼。"

19 孤寡老人打官司遇到"公民代理"被骗如何办?

典型事例

老王曾经阅读过一些法律书籍,懂一些法律知识,觉得自己做个"赤脚律师"完全没问题。由于老王能说会道,几年下来,"办案经验"越来越丰富,成了镇里小有名气的"律师"。家住大山镇的黄老太有一栋70多平方米的楼房,丈夫去世后,房屋由黄老太独自居住。黄老太有一养子小李,平日好吃懒做,不仅不赡养老人,还经常向老人伸手要钱。2003年,在老王"律师"的帮助下,黄老太顺利与小李解除收养关系。但小李接着提出了继承和分割房屋的诉讼,于是黄老太继续让老王代理。令黄老太想不到的是,老王心中打起了歪主意。黄老太孤寡老人一个,且年事已高,老王产生了骗取黄老太房产的歪念。老王以增加打赢官司的可能性为由,伪造了一份黄老太将房屋卖给其的卖房协议和黄老太收到其40 000元的收条,还有一份由其赡养黄老太,黄老太房屋及财产由其继承的赡养协议,并骗得黄老太在协议上盖章和按手指模。为加强协议的"真实性"和效力,老王还骗得同镇村民孙某、王某等人作为证人在协议和收条上签名,老王处心积虑地收集着日后侵占房产的"证据"。2013年7月份,因镇政府对街道建设重新规划,黄老太决定将房屋给其侄孙女阿秀进行拆建改造。当拆建工程开工时,老王再也按捺不住了,拿出当年藏起的那些"证据",以房屋已转卖给其为由阻止黄老太对房屋进行改建。2013年9月,老王向国土所发出投诉信,以黄老太的房屋是其房产，被黄老太的侄孙女婿未经审批拆建为由，要求有关部门制止，待双方无争议后再审批，期间还不时到拆建现场闹事阻止施工，企图"夺回"黄老太房屋所有权。后经黄老太报案，公安机关介入调查后老王终被抓获归案。

法院经审理后认为，被告人老王以非法占有为目的，用虚构事实和隐瞒真相的方法蓄意骗取他人财物，数额巨大，但因意志以外的原因而未能得逞，其行为已构成了诈骗罪（未遂），应予以惩处，判处有期徒刑二年。

法律分析

按照法律规定，公民代理诉讼是指在我国司法实践中，非法律职业的普通公民（包括当事人的近亲属，有关的社会团体或者所在单位推荐的人，经人民法院许可的其他公民）担任诉讼当事人的代理人或辩护人，按照法律规定的程序、权利和义务参与诉讼的一种活动。非正常公民代理是指非法律从业人员以营利为目的非法担任诉讼当事人的代理人或辩护的行为。本案中的老王作为民间"赤脚律师"为他人代理案件，他所代表的就是现今存在的非正常公民代理。老王在代理的过程中，构成了诈骗罪，应该受到刑法的制裁。

目前，职业公民代理人不符合立法意图本身，且是一个并不被国家正式制度所承认的群体，但是由于从事诉讼代理工作的初衷不同，对法律服务市场的影响不同，分化出了几种类型：

1. 知识型职业公民代理人。很多法学专业毕业生没有选择政府或企业，而是把律师当作自己的执业理想。但是司法考试是律师行业的敲门砖，那些尚未通过司法考试的人为了生存，为了积累更多的执业经验而走上了职业公民代理人的道路。对他们来说，这段经历是他们迫不得已的选择，通过司法考试而晋级执业律师只是时间问题，他们迟早会离开职业公民代理人这个"非正规军"的。这一类职业公民代理人因为刚刚走出学校而缺乏法律经验与社会经验，往往有单纯而朴素的正义感。

2. 关系型职业公民代理人。以"打官司就是打关系"为宣传口号的司法机关的退休人员、司法机关人员的亲属等因为和司法机关（人员）特定的关系而掌握了更多的裁判资源。职权主义的审判模式和广泛的人脉关系使他们积累了大量的资本为自己谋利。他们更容易充当诉讼掮客，往往与司法腐败相联系。

3. 经历型职业公民代理人。一些公民代理人原本没有法律背景，有过诉讼经历后，接近了法律，认识了法律，从此开始以公民的名义帮助他人代理诉讼，或多或少地从中获取一定的收益。因为知识水平和年龄的限制，他们也许始终无法通过司法考试，但是他们相对比较执着、容易较真，是职业公民代理人中最稳定的一个类型。

由于农民的法律意识淡薄，发生在农村的打着帮助维权的幌子实施诈骗的案件呈现出逐年高发的趋势。在山区农村，公民代理成本低廉，都是同属一个地方的人互相之间具有一定的信任基础，所以公民代理在农村有着生存的土壤。目前出现在农村的公民代理主要有三类人群：自愿无偿帮助、出于工作任务、以营利为目的。其中问题主要出现在第三种人群，这些已经沦为"诉讼掮客"的人群，为应对法院审查，一般不与被代理人签订代理合同，仅向法院出具授权委托书，参与诉讼时常冒充当事人的近亲属，以一般公民代理人的身份出现。为取得被代理人的信任，一些"职业公民代理人"向被代理人谎称自己具有特殊身份或与法院、法官有特别关系，并借机乱收费，骗取被代理人钱财。为达到胜诉目的以争取更多代理报酬，或显示自己处处为当事人着想以备败诉之时有所托词，许多公民代理人在具体代理过程中，出于个人目的，常常怂恿当事人到法院大吵大闹，或者故意唆使当事人以各种理由拒不到庭、拒绝接受调解，甚至暗示当事人向司法人员行贿，当判决结果对被代理人不利时，为推脱责任，便故意对法律进行歪曲解释进而作出判决错误的论断，唆使当事人上访，扰乱社会秩序，影响社会稳定。

法律依据

《中华人民共和国民事诉讼法》

第58条："当事人、法定代理人可以委托一至二人作为诉讼代理人。

下列人员可以被委托为诉讼代理人：

（一）律师、基层法律服务工作者；

（二）当事人的近亲属或者工作人员；

（三）当事人所在社区、单位以及有关社会团体推荐的公民。"

《中华人民共和国刑法》

第266条："诈骗公私财物，数额较大的，处三年以下有期徒刑、拘役或者管制，并处或者单处罚金；数额巨大或者有其他严重情节的，处三年以上十年以下有期徒刑，并处罚金；数额特别巨大或者有其他特别严重情节的，处十年以上有期徒刑或者无期徒刑，并处罚金或者没收财产。本法另有规定的，依照规定。"

20 孤寡老人工资被欠发，无助之下该咋办？

典型事例

老王50多岁，无儿无女，无家可归，是东方村残疾多病的孤寡老人。自1992年3月1日至2009年1月31日在当地县里的某部门门岗工作 16 年 8 个月，其中从 2000 年 1 月 1 日至 2009 年 1 月 31 日在某部门家属区门岗一人值班，一人值班的 10 年间，单位从没有放过双休日和节假日，但是单位却没有按当地最低工资标准为其发放工资，更没有发放加班费、双休日工资和节假日工资，16 年 8 个月未为他缴纳任何保险费，并且没有签订劳动合同。由于从 2000 年 1 月 1 日至 2009 年 1 月 31 日一个人长期值班没有得到正常休息，解除合同后，身体严重透支，身患多种疾病，严重地损害了身体健康，至今也未领到最低工资差额及任何经济补偿金和赔偿金。

法律分析

1. 《劳动法》中的工资是指用人单位根据国家有关规定或者劳动合同的约定，以货币形式直接支付给本单位劳动者的劳动报酬，包含三层意义：

（1）用人单位应当按照劳动合同约定和国家规定向劳动者支付劳动报酬。法律允许用人单位和劳动者在法律允许的范围内对劳动报酬的金额、支付时间、支付方式等进行平等协商，同时，用人单位向劳动者发放劳动报酬还要遵守国家最低工资制度、以货币形式发放规定、特殊情况下工资照付的规定（如：探亲期间、产假期间、婚丧假期间、依法参加社会活动期间、停工期间、法定休假日期间等）。

（2）用人单位应当及时支付劳动报酬。依照《劳动法》和其他有关规定，用人单位应当每月至少发放一次劳动报酬。实行月薪制的用人单位，工资必须按月发放；实行小时工资制、日工资制、周工资制的用人单位的工资也可以按小时、按日或者按周发放。如遇到节假日或者休息日，应该提前在最近的工作日支付。比如，约定在每月的一号发放工资，在"五一"和"十一"法定节日中，一号正好是放假的时间，这种情形下，用人单位就应当在 4 月 30 日和 9 月 30 日发放工资。对完成一次性临时劳动或者某项具体工作任务的劳动者，用人单位应当按有关协议或合同规定在其完成劳动任务后即支付工资。超过用人单位与劳动者约定的支付工资的时间发放工资的即构成拖欠劳动者劳动报酬的违法行为。

（3）用人单位应当足额向劳动者支付劳动报酬。即严格按照国家规定和劳动合同约定的标准、数额，全部支付，不得部分支付，更不得不支付。

2.“拖欠”是指用人单位无正当理由超过规定的工资发放时间而未付给劳动者工资的行为。下列情况不属于“拖欠工资”：

（1）用人单位遇到非人力所能抗拒的自然灾害、战争等原因，无法正常支付工资。

（2）用人单位确因生产经营困难、资金周转受到影响，在征得本单位工会同意后，可暂时延期支付劳动者工资，延期时间的最长限制，可由各省、自治区、直辖市劳动保障行政部门根据各地情况确定。其他情况的拖欠工资均属无故拖欠。

3.“克扣”指用人单位无正当理由扣减劳动者应得的工资。但不包括以下扣发工资的情况：

（1）用人单位依法从员工工资中代扣或者代缴的费用，包括劳动者本人工资的个人所得税、劳动者个人负担的社会保险费用、协助执行法院判决、裁定由劳动者负担的抚养费、扶养费，法律、法规规定应当由用人单位从劳动者工资中代扣代缴的其他费用。

（2）依法签订的劳动合同中有明确规定的。

（3）用人单位依法制定并经职工代表大会批准的厂规、厂纪中有明确规定的。

（4）企业工资总额与经济效益相联系，经济效益下浮时，工资必须下浮的（但支付给劳动者工资不得低于当地的最低工资标准）。

（5）因劳动者请事假等相应减发工资等。

（6）劳动者赔偿因本人原因造成用人单位经济损失的费用。

（7）用人单位按照依法制定的规章制度对劳动者进行的违纪经济处罚。用人单位每月扣减第 6 项、第 7 项费用后的劳动者工资余额不得低于最低工资。

用人单位克扣或无故拖欠劳动者工资的，劳动保障监察部门可责令其支付应支付给劳动者的工资报酬及其 1 至 5 倍的赔偿金。由此而发生劳动争议，当事人申诉至劳动争议仲裁委员会的，仲裁委员会可要求用人单位支付劳动者应支付的工资报酬及其 25% 的经济补偿。本事例中，老王在 2000 年 1 月 1 日至 2009 年 1 月 31 日在某部门家属区门岗一人值班，一人值班的 10 年间，单位从没有放过双休日和节假日，但是单位却没有按当地最低工资标准为其发放工资，更没有发放加班费、双休日工资和节假日工资，老王也未领到任何经济补偿金和赔偿金，所以，单位的做法严重违反了《劳动法》以及《劳动合同法》等相关法律的规定，应该依法受到惩罚。

法津依据

《中华人民共和国劳动法》

第 50 条："工资应当以货币形式按月支付给劳动者本人。不得克扣或者无故拖欠劳动者的工资。"

第 91 条："用人单位有下列侵害劳动者合法权益情形之一的，由劳动行政部门责令支付劳动者的工资报酬、经济补偿，并可以责令支付赔偿金：

（一）克扣或者无故拖欠劳动者工资的；

（二）拒不支付劳动者延长工作时间工资报酬的；

（三）低于当地最低工资标准支付劳动者工资的；

（四）解除劳动合同后，未依照本法规定给予劳动者经济补偿的。"

《中华人民共和国劳动合同法》

第 47 条第 1 款："经济补偿按劳动者在本单位工作的年限，每满一年支付一个月工资的标准向劳动者支付。六个月以上不满一年的，按一年计算；不满六个月的，向劳动者支付半个月工资的经济补偿。"

第 48 条："用人单位违反本法规定解除或者终止劳动合同，劳动者要求继续履行劳动合同的，用人单位应当继续履行；劳动者不要求继续履行劳动合同或者劳动合同已经不能继续履行的，用人单位应当依照本法第八十七条规定支付赔偿金。"

第 85 条："用人单位有下列情形之一的，由劳动行政部门责令限期支付劳动报酬、加班费或经济补偿；劳动报酬低于当地最低工资标准的，应当支付其差额部分；逾期不支付的，责令用人单位按应付金额百分之五十以上百分之一百以下的标准向劳动者加付赔偿金：

（一）未依照劳动合同的约定或者国家规定及时足额支付劳动者劳动报酬的；

（二）低于当地最低工资标准支付劳动者工资的；

（三）安排加班不支付加班费的；

（四）解除或者终止劳动合同，未依照本法规定向劳动者支付经济补偿的。"

21 孤寡老人雇佣保姆反被骗，如何维权？

典型事例

2008 年 3 月 1 日，老王通过家政服务有限公司介绍，雇佣小丽从事家政服务工作。2009 年 1 月 1 日，小丽在回家探亲期间，给老王打电话，以在老家买房资金困难为由，向老王借款 30 万元。次日，老王便通过中国工商银行蓟门桥附近的储蓄所，从自己的账户向小丽的建设银行账户转账 30 万元。此后，小丽又以父亲病重为由向老王提前支取了老王曾承诺的如果小丽为其养老送终则给予小丽的奖励金 5 万元。2010 年 4 月到 5 月期间，小丽又以孩子买车需用钱为由向老王借款，被老王拒绝，此后小丽对老王的态度愈加不好，经常找借口离开。一次，老王的侄媳妇李某来家中探望，知道了小丽屡次向老人借钱不还的事情，一气之下就找到小丽理论，双方发生激烈争吵。争执中，小丽称自己和老王存在不正当关系，钱是老王补偿给自己的。老王予以否认，提出解除合同，并要求小丽归还之前的借款。小丽同意解除合同，但是以各种借口拒绝归还欠款。后老王报警，在派出所，小丽称老王雇佣其多年，期间老王未支付任何工资，故 30 万元系老王一次性补偿的高额工资。但是，对于小丽的说法，老王予以否认。在庭审中，小丽又称 30 万元是老王赠与自己在老家买房的。小丽的说法前后不一，且存在明显的矛盾之处，其真实性存在重大瑕疵。

经审理查明，小丽曾向老王提出，想在老家购置房产但是钱不够。基于信任关系，在未要求小丽出具借条的情况下，老王通过银行向小丽转账 30 万元。老王提交的房屋登记簿证实了小丽购房的事实，而小丽在 2011 年 8 月初知晓即将面临诉讼时，即匆匆于 2011 年 8 月 15 日将其所购房产过户给其前夫陈先生的行为亦印证了老王的主张。最后，法院认定老王与小丽就本案所涉 30 万元存在民间借贷关系，该民间借贷关系未违反法律及行政法规的强制性规定，应属有效。老王已依约向小丽出借了款项，小丽收取款项后亦应履行还款义务，经老王催要，小丽至今未偿还借款的行为构成违约，应立即将 30 万元借款偿还老王，故法院支持了老王的诉讼请求。

法律分析

诚实信用原则要求当事人在订立、履行合同，以及合同终止后的全过程中，都要诚实，讲信用，相互协作。诚实信用原则具体包括：第一，在订立合同时，不得有欺诈或其他违背诚实信用的行为；第二，在履行合同义务时，当事人应当遵循诚实信用的原则，根据合同的性质、目的和交易习惯履行及时通知、协助、提供必要的条件、防止损失扩大、保密等义务；第三，合同终止后，当事人也应当遵循诚实信用的原则，根据交易习惯履行通知、协助、保密等义务，称为后契约义务。诚实信用原则作为合同法基本原则的意义和作用，主要有以下两个方面：第一，将诚实信用原则作为指导合同当事人订立合同、履行合同的行为准则，有利于保护合同当事人的合法权益，更好地履行合同义务；第二，合同没有约定或约定不明确而法律又没有规定的，可以根据诚实信用原则进行解释。

遵守法律，尊重公德，不得扰乱社会经济秩序，损害社会公共利益，是合同法的重要基本原则。一般来讲，合同的订立和履行，属于合同当事人之间的民事权利义务关系，主要涉及当事人的利益，只要当事人的意思不与强制性规范、社会公共利益和社会公德相抵触，就承认合同的法律效力；国家及法律尽可能尊重合同当事人的意思，一般不予干预，由当事人自主约定，采取自愿的原则。但是，合同绝不仅仅是当事人之间的问题，有时可能涉及社会公共利益和社会公德，涉及维护经济秩序，合同当事人的意思应当在法律允许的范围内表示，不是想怎么样就怎么样。为了维护社会公共利益，维护正常的社会经济秩序，对于损害社会公共利益、扰乱社会经济秩序的行为，国家应当依法予以干预。

至于哪些要干预，怎么干预，都要依法进行，由法律、行政法规作出规定。需要注意的是，必须遵守法律的原则与自愿原则并不矛盾，要正确理解和把握这两个原则的关系：一方面，自愿原则鼓励交易，促进交易的开展，发挥当事人的主动性、积极性和创造性，以活跃市场经济；另一方面必须遵守法律的原则保证交易在遵守公共秩序和善良风俗的前提下进行，使市场经济有一个健康、正常的道德秩序和法律秩序。所以说，遵守法律原则和自愿原则是不矛盾的，自愿是以遵守法律、不损害社会公共利益为前提的；同时，只有遵守合同法，依法订立合同、履行合同，才能更好地体现和保护当事人在合同活动中的自愿原则。依法保护当事人的合法权益同依法禁止滥用民事权利是统一的。法律、行政法规有关合同条文的规定，有不同的情况：有强制性的规定，也有非强制性规定。对强制性规定，当事人在合同活动中是必须执行的，例如，禁止非法借贷，不得恶意串通损害国家、集体或者第三人利益等；对非强制性规定，由当事人自愿选择，例如，《合同法》规定，合同内容由当事人约定，合同生效后当事人对质量、价款或者报酬、履行地点等内容没有约定或者约定不明确的，首先是由当事人协议补充。正确认识以上两种不同的规定，有助于指导当事人在遵守法律、行政法规的前提下自主、自愿地从事订立合同、履行合同等合同活动。

根据合同法的自愿原则，订不订合同、与谁订合同、合同的内容如何等，由当事人自愿约定。但是，合同依法成立生效以后，对当事人就具有了法律约束力。所谓法律约束力，就是说，当事人应当按照合同的约定履行自己的义务，非依法律规定或者取得对方同意，不得擅自变更或者解除合同。如果不履行合同义务或者履行合同义务不符合约定，就要承担违约责任。依法成立的合同受法律保护。所谓受法律保护，就是说，如果一方当事人未取得对方当事人同意，擅自变更或者解除合同，不履行合同义务或者履行合同义务不符合约定，从而使对方当事人的权益受到损害，受损害方向人民法院起诉要求维护自己的权益时，法院就要依法予以维护，对擅自变更或者解除合同的一方当事人强制其履行合同义务并承担违约责任。

本事例中，老王与小丽构成的是自然人之间的借款合同，民间借贷关系未违反法律及行政法规的强制性规定，应属有效。老王催要，小丽至今未偿还借款的行为构成违约，所以依据相关法律的规定，法院支持老王的诉求是正确的。

法津依据

《中华人民共和国合同法》

第6条："当事人行使权利、履行义务应当遵循诚实信用原则。"

第7条："当事人订立、履行合同，应当遵守法律、行政法规，尊重社会公德，不得扰乱社会经济秩序，损害社会公共利益。"

第8条："依法成立的合同，对当事人具有法律约束力。当事人应当按照约定履行自己的义务，不得擅自变更或者解除合同。

依法成立的合同，受法律保护。"

第60条："当事人应当按照约定全面履行自己的义务。

当事人应当遵循诚实信用原则，根据合同的性质、目的和交易习惯履行通知、协助、保密等义务。"

第210条："自然人之间的借款合同，自贷款人提供借款时生效。"

22 母子协议断绝关系，赡养义务应否继续履行？

典型事例

王大娘今年90岁，共有四个子女。近年来，王大娘由于身患冠心病等多种病症，因医疗费问题与其大儿子老王多次发生矛盾。2005年10月13日，王大娘与老王达成书面协议：老王一次性给付王大娘医疗费等共3000元，双方从此脱离母子关系，王大娘以后的生活费、医疗费及生老病死等均与老王不再有任何关系。2006年6月9日，王大娘以自己现需医疗费太高为由向法院提起诉讼，要求被告老王继续履行赡养义务。法院审理后认为，赡养老人是每一个子女应尽的义务。原、被告的母子关系是基于血缘关系产生的，而血缘关系是不能因当事人的协议而断绝的，因此原、被告所达成的脱离母子关系的协议是无效协议。被告支付给原告的3000元费用如果不能满足原告今后的生活所需，被告仍应继续承担赡养义务。据此，法院判决原、被告所达成的脱离母子关系的协议无效，被告老王应当继续履行赡养义务。

法律分析

赡养是指子女在物质上和经济上为父母提供必要的生活条件。子女作为赡养人，应当履行对老年人经济上供养、生活上照料和精神上慰藉的义务，照顾老年人的特殊需要。儿子和女儿都有义务赡养父母。

1. 赡养人的具体义务包括：

（1）物质上的赡养。生活费用的提供是最基本的。当被赡养人患病时应当提供医疗费用和护理。应当妥善安排老年人的住房。不得强迫老年人迁居条件低劣的房屋。老年人自有的或者承担的住房，子女或者其他亲属不得侵占，不得擅自改变产权关系或租赁关系。老年人自有的住房，赡养人有维修的义务。赡养人有义务耕种老年人承包的田地，照管老年人的林木和牲畜等，收益归老年人所有。赡养人不得以放弃继承权或者其他理由，拒绝履行赡养义务。对不在一起生活的父母，应根据父母的实际生活需要和子女的负担能力，给付一定的赡养费用。赡养费用一般不低于子女本人或当地的普通生活水平，有两个以上子女的，可依据不同的经济条件，共同负担赡养费用。经济条件较好的子女应当自觉、主动地承担较大的责任。赡养人之间也可以就履行赡养义务签订协议，并征得老年人的同意。居民委员会、村民委员会或者赡养人所在单位监督协议的履行。赡养人不得要求老年人承担力不能及的劳动。赡养人配偶应当协助赡养人履行赡养义务。

（2）日常生活中的扶助。对于年老体弱、丧失生活自理能力的父母给以照顾、扶助，对生病的父母应给予悉心照顾。

（3）精神上给予慰藉。父母进入老年后需要亲情的慰藉以克服孤独感。精神赡养是社会经济发达以后更为重要的赡养义务。因为物质条件会随社会经济发展而提高，国家和社会对老年人能够提供更多的物质保障，许多父母不依靠子女提供物质上的帮助，所以物质赡养会弱化，而日常生活的料理扶助也可依靠社会服务保障体系得到解决。唯有子女对父母的孝敬、关心、体贴、安慰是无法从其他途径得到解决的。精神赡养老人这一义务显得更为重要。

2. 老年人打赡养官司，享有以下特殊权利：

（1）享有司法救助的特殊权利。根据最高人民法院《关于对经济确有困难的当事人予以司法救助的规定》，当事人具备下列情形之一的，可向人民法院申请司法救助："①当事人追索赡养费、扶养费、抚育费、抚恤金的；……"从以上司法解释可知，老年人需要通过诉讼程序解决赡养纠纷时，确因生活困难无法交纳诉讼费用的，可以提出申请请求人民法院给予司法救助，从而使生活困难的老年人能打得起官司。

（2）享有法律援助的特殊权利。国务院《法律援助条例》规定，公民对需要代理的事项，因经济困难没有委托代理人的，可以向法律援助机构申请法律援助。由此可见，经济困难的老人可以免费请律师替自己打官司。

（3）享有先予执行的特殊权利。《民事诉讼法》第106条规定，人民法院对下列案件，根据当事人的申请，可以裁定先予执行："①追索赡养费、抚养费、抚育费、抚恤金、医疗费用的……"由此可见，在赡养纠纷诉讼中，法律已明确而又具体地赋予了老年人在法院作出判决之前，申请先予执行、先予给付一定货币或一定生活急需物品的特殊权利。

3. 如何追究子女不履行赡养父母的法律责任？需要赡养的父母可以通过有关部门进行调解或者向人民法院提起诉讼。人民法院在处理赡养纠纷时，应当坚持以保护老年人的合法权益为原则，通过调解或者判决使子女依法履行赡养义务。对负有赡养义务而拒绝赡养，情节恶劣构成遗弃罪的，应当承担刑事责任。本事例中，老王虽然与自己的母亲签订了断绝母子关系的协议，但是仍旧应该履行赡养义务，所以，法院判决原、被告所达成的脱离母子关系的协议无效，被告老王应当继续履行赡养义务。

法 律依据

《中华人民共和国宪法》

第49条第3款："父母有抚养教育未成年子女的义务，成年子女有赡养扶助父母的义务。"

《中华人民共和国婚姻法》

第21条："父母对子女有抚养教育的义务；子女对父母有赡

养扶助的义务。

父母不履行抚养义务时，未成年的或不能独立生活的子女，有要求父母付给抚养费的权利。

子女不履行赡养义务时，无劳动能力的或生活困难的父母，有要求子女付给赡养费的权利。"

《中华人民共和国老年人权益保障法》

第 14 条第 1 款："赡养人应当履行对老年人经济上供养、生活上照料和精神上慰藉的义务，照顾老年人的特殊需要。"

第 15 条："赡养人应当使患病的老年人及时得到治疗和护理；对经济困难的老年人，应当提供医疗费用。

对生活不能自理的老年人，赡养人应当承担照料责任；不能亲自照料的，可以按照老年人的意愿委托他人或者养老机构等照料。"

第 18 条第 1、2 款："家庭成员应当关心老年人的精神需求，不得忽视、冷落老年人。

与老年人分开居住的家庭成员，应当经常看望或者问候老年人。"

第 19 条第 1、2 款："赡养人不得以放弃继承权或者其他理由，拒绝履行赡养义务。

赡养人不履行赡养义务，老年人有要求赡养人付给赡养费等权利。"

23 孤寡老人的遗产该如何处理？

典型事例

老王的邻居孙奶奶丈夫早逝，又没有子女兄妹，平时，老王和另一位邻居王女士与她关系最好。2008 年春节，孙奶奶突患重病，生活不能自理，老王和王女士见她没有亲人照料，十分可怜，两人一直轮流服侍照料她。今年9月，孙奶奶因病过世，留下一套房产等遗产。孙奶奶生前娘家侄子段先生对她不闻不问，最近突然前来主张继承老人的遗产。经居委会调解认为，孙奶奶的遗产可以分给老王和王女士一部分，但段先生认为老王跟王女士不是老人的亲属，不能继承遗产。在孙奶奶遗产该如何处理的问题上大家产生了争议。

法律分析

1. 法定继承，是指由法律直接规定继承人的范围、继承的先后顺序以及遗产分配原则的一种继承方式。法律对法定继承人的继承顺序和法定继承人的范围作了明确的规定。法定继承人的继承顺序，是指继承开始后，各个法定继承人继承被继承人遗产的先后次序。五种法定继承人：①配偶；②子女；③父母；④兄弟姐妹；⑤祖父母、外祖父母。由于法定继承是以一定的人身关系为前提的，因此，按继承人和被继承人之间的血缘、姻亲关系的远近及依赖程度，《继承法》将五种法定继承人划分为两种继承顺序：第一顺序为配偶、子女和父母；第二顺序为兄弟姐妹、祖父母、外祖父母。规定两种继承顺序，就要求继承人严格按照继承顺序继承。不同顺序的继承人不能同时继承。当被继承人有第一顺序继承人存在时，先由第一顺序继承人继承，只有在没有第一顺序继承人或者第一顺序继承人全部放弃或丧失继承权时，第二顺序继承人方能继承。同一顺序继承人间的继承权是平等的。

2. 继承人以外的人，是指继承人以外的依照《继承法》的规定取得被继承人遗产的公民。现实生活中有两种继承人以外的人，可以分得适当的遗产。

（1）依靠被继承人扶养，且缺乏劳动能力又没有生活来源的人。"依靠被继承人扶养"，是指全部或主要生活来源依赖被继承人的提供。"缺乏劳动能力"，是指尚无劳动能力或因年迈、病残而丧失原有的劳动能力。

（2）对被继承人生前扶养较多的人。即指在被继承人生前对其在经济上资助、生活上扶助的继承人之外的公民。这种扶养不是法律上必须履行的义务，而是出于道德心，自觉自愿提供的帮助。可以分给他们适当的遗产，要根据对死者生前扶养的具体情况和遗产的数额、其他继承人所尽的义务等方面作分析和处理。如果继承人以外的人，对被继承人所尽的扶养义务大于被继承人的子女或其他法定继承人，可以取得遗产中的相当数额甚至可以取得大部分遗产。如果被继承人的生活完全或基本上是由他人扶养照料的，其遗产也可以由扶养照料被继承人的人全部承受，而不让被继承人的子女或其他法定继承人继承。

所以，本事例中居民委员会提出把孙奶奶的遗产分一部分给老王和王女士的主张是合理合法的。根据相关法律法规规定，继承人以外的人在对被继承人扶养较多的情况下，可以分得适当的遗产。孙奶奶是孤寡老人，平时全靠老王和王女士两人照料，因此两人属于对被继承人扶养较多的人，可以适当分得孙奶奶的遗产。段先生是孙奶奶娘家的侄子，他既不在法定继承人的范围之内，也没有孙奶奶的遗嘱指定，而且对老人没有尽过任何扶养义务，因此，他没有权利主张继承孙奶奶的遗产。综上所述，孙奶奶的遗产除分给老王和王女士两人一部分外，其余无人继承又无人受遗赠的部分，应当归国家或者集体所有。

法 律依据

《中华人民共和国继承法》

第 10 条："遗产按照下列顺序继承：

第一顺序：配偶、子女、父母。

第二顺序：兄弟姐妹、祖父母、外祖父母。

继承开始后，由第一顺序继承人继承，第二顺序继承人不继承。没有第一顺序继承人继承的，由第二顺序继承人继承。"

第 13 条第 3 款："对被继承人尽了主要扶养义务或者与被继承人共同生活的继承人，分配遗产时，可以多分。"

第 14 条："对继承人以外的依靠被继承人扶养的缺乏劳动能力又没有生活来源的人，或者继承人以外的对被继承人扶养较多的人，可以分给他们适当的遗产。"

第 32 条："无人继承又无人受遗赠的遗产，归国家所有；死者生前是集体所有制组织成员的，归所在集体所有制组织所有。"

24 孤寡老人信"神医"，财物被骗如何办？

典型事例

老王是孩子村的一位孤寡老人。去年 8 月初的一天，老王正在家门口的市场买菜，被迎面走过来的一名操外地口音的妇女拦住。中年妇女询问老王是否知道附近住着一位"神医"。正在此时，旁边又来了一名妇女，告诉外地女人说她知道"神医"的住处，并劝老王一同前往见识一番。路上，这名热心的妇女一边讲着"神医"法术的神奇，一边与老王唠着家常。老王没有丝毫怀疑地将家中的情况悉数讲出。老王没有想到，他的情况已经被一直跟在旁边的另一名同伙传给了"神医"。掌握老王家中情况的团伙主犯吴某，就在此时假装与老王等人偶遇，并自称是"神医"的孙子，将事先掌握的作案对象的家庭情况讲出。在骗取老王的信任后，被告人吴某称老王家中有难，若想消灾必须将家中所有钱财交给他的"神医"爷爷，待"神医"施法后再将钱财如数奉还。结果，这些骗子待钱财到手就立刻跑掉。老王被骗走 3000 元钱后发现上当，赶紧到当地的公安局报案。

法 津分析

1. 诈骗，是指以非法占有为目的，用虚构事实或者隐瞒真相的方法，骗取数额较大的公私财物的行为。由于这种行为完全不使用暴力，而是在一派平静甚至"愉快"的气氛下进行的，加之受害人一般防范意识较差，较易上当受骗。此类骗子往往是冒名顶替或以老乡、朋友的身份进行诈骗的。现实生活中，诈骗形式主要有以下几种：

（1）借熟人关系进行诈骗。此类骗子往往是冒名顶替或以老乡、朋友的身份进行诈骗的。而受害人往往碍于面子或出于"哥们义气"，只好"束手就擒"，更有甚者，把有人寻访看作一种荣耀，而"宁可信其有不可信其无"，继而"慷慨解囊"。

（2）以中介为名进行诈骗。当前，此类诈骗案件有上升的趋势。现在有些同学出去做兼职、家教等，就可能会遇上这种情况。而此类骗子就是利用同学急于找到好的兼职、家教的心理，以招工点、兼职家教介绍所等名义进行诈骗或利用同学们作为其兼职劳动力，从中大捞一把。

（3）以特殊身份进行诈骗。此类骗子多以社会上的"能人"、"名流"的名义进行诈骗，如谎称自己是导演、公安人员、商人、气功大师等，抬高自己身价，对找工作等难办的事表示"完全有能力"解决。这类诈骗手段较为单一，较易识破。本事例中的老王被骗就是这种形式。

（4）以小利取信，进行诈骗为实。此类骗子极为狡猾，采取"欲擒故纵"的方法，先将曾许诺的利益予以兑现，让你感到此人所做的事可信，待取得你的信任后，就狠狠地敲你一把，让你在绝对信任和不知不觉中蒙受重大的损失，此类诈骗计划周密、发现不易，危害性较大。

（5）以遇到某种祸害急需别人帮助进行诈骗，从目前来看此类骗子多以走失的或财物丢失的学生、灾区群众、落难者等名义进行诈骗。事实上，这种诈骗手段大都比较原始，大家稍加思考就能识破。

2. 农村孤寡老人识别能力较弱，因此成为骗子进行诈骗的主要对象。在此提醒广大农村孤寡老人，平时生活中应该注意以下事项：

（1）不感情用事。诈骗分子的最终目的是骗取钱财，并且是在尽可能短的时间内骗走。因此，表面上讲"感情"、"哥们义气"的诈骗分子（特别是新认识的"朋友"、"老乡"，遭受不幸的"落难者"），若对你提出钱财方面的要求，切不可被感情的表象所蒙蔽，不要一味"跟着感觉走"而缺乏理智，要学会"听、观、辨"，即听其言、观其色、辨其行，要懂得用理智去分析问题。最好能对比一下在常理下应作出的反应，如认为对方的钱财要求不合实际或超乎常理时，应及时向公安部门反映，以避免不应有的损失；对过于主动自夸自己"本事"或"能耐"的人，或者过于热情地希望"帮助"你解决困难的人，要特别注意。那些自称名流、能人的诈骗分子为了能更快地取得你的信任，以达到其不可告人的目的，大多都会主动地在你面前炫耀自己的"本事"，说自己是如何了得，取得什么成就，而且他正在运用他的"本事"、"能耐"为你解决困难或满足你的请求。当你遇到这种人时，应当格外注意，因为你面前的那个"能人"很可能是一个十足的诈骗分子，而且他正企图骗取你的信任，此时你的反应很大程度上决定了你此后是否上当受骗。

（2）忌贪小便宜。对飞来的"横财"和"好处"，特别是不熟悉的人所许诺的利益，要深思和调查。要知道，天上是不会掉下馅饼的，克服贪小便宜的心理，就不会对突然而来的"好处"欣喜若狂。对于这些"横财"和"好处"，最好的防范是三思而后行。

总之，诈骗分子行骗的过程可分为两个阶段：一是博得信任；二是骗取对方财物。对于行骗者和受害者来说，第一阶段都是最重要的，也是行骗者行为表现得最为突出的阶段。虽然行骗手段多种多样，但只要我们树立较强的反诈骗意识，克服内心的一些不良心理，保持应有的清醒，做到"三思而后行，三查而后行"，在绝大多数情况下是可以避免上当受骗的。俗话说："害人之心不可有，防人之心不可无。"当然，"防人"并不是要搞得人心惶惶，关键是要有这种意识，对于任何人，尤其是陌生人，不可随意轻信和盲目随从，遇人遇事，应有清醒的认识，不要因为对方说了什么好话，许诺了什么好处就轻信、盲从。要懂得调查和思考，在此基础上作出正确的反应。

法 律依据

《中华人民共和国刑法》

第 266 条："诈骗公私财物，数额较大的，处三年以下有期徒刑、拘役或者管制，并处或者单处罚金；数额巨大或者有其他严重情节的，处三年以上十年以下有期徒刑，并处罚金；数额特别巨大或者有其他特别严重情节的，处十年以上有期徒刑或者无期徒刑，并处罚金或者没收财产。本法另有规定的，依照规定。"

25 钻石婚老太状告前夫索要婚内房子能否得到支持?

典型事例

年近80岁的王老太一辈子侍奉公婆、抚养孩子,却没想到老了连个栖身之地都没有,为此,她将从银行退休的前夫贾老汉告上了法庭,要求贾老汉履行扶养义务,给付扶养费。原告王老太诉称,其和贾老汉于1950年经父母包办结婚,婚后夫妻二人感情一直不和睦。由于贾老汉在外工作,她一直一个人在老家侍奉公婆、抚养孩子,没有参加任何社会工作,因此没有任何生活来源。1998年后,王老太来省会与老伴共同生活,但二人经常为琐事发生争执,于2006年两人办理了离婚手续,但是对于老家的房子并没有约定如何分配。2006年5月,王老太从老家来到石家庄后发现家中房屋已经被老伴出租给他人,王老太只好流落街头四处乞讨,晚上连个栖身之所也没有,故向法院提起诉讼,请求依法判令将房子分给自己。

法律分析

对大多数中国家庭来说,房屋可能是离婚时夫妻最有价值的财产,比较1980年《婚姻法》,现行的法律特别突出了对生活困难方由另一方从其"住房"等个人财产中给予帮助的规定。以1980年《婚姻法》为依据的司法解释曾规定,婚姻存续期间居住的房屋属于一方所有,另一方以离婚后无房居住为由,要求暂住的,经查实可据情予以支持,但一般不超过两年;无房一方租房居住经济上确有困难的,享有房屋产权的一方可给予一次性经济帮助。2001年修改《婚姻法》时吸收了这一司法解释的精神,规定离婚时,如一方生活困难,另一方应从其住房等个人财产中给予适当帮助。

婚姻关系存续期间，夫妻双方有互相扶养的义务，一方不履行扶养义务时，需要扶养的一方有要求对方给付扶养费的权利。婚姻关系终结后，仍要求一方对生活困难的另一方从其个人财产中给予适当的帮助，实质是夫妻间扶养义务的延续。在传统的普通法制度中，结婚后，妻子在法律上的权利能力被剥夺而转移至丈夫身上，作为交换，丈夫有扶养和保护妻子的义务，妻子具有从事家务劳动以及为丈夫提供服务的义务。婚姻关系终结时，丈夫仍要对妻子尽扶养义务，这源于早期的普通法在离婚问题上采用过错原则，即离婚是由于一方犯了法律列举的异乎寻常的婚姻错误，是对无过错方的法律救济。因此，妻子要求丈夫继续给付扶养费的条件是离婚由丈夫的过错所致，且妻子为无过错一方。现代普通法国家多采用无过错离婚原则，扶养费的过错作用已经降低，是否给付扶养费考虑最多的不再是给付方的过错，而是接受方的需要和给付方的支付能力。在婚姻关系终结时，除去财产分割外，给予生活困难的一方以金钱或财物的帮助，是对前配偶一方的扶助或资助。现代的配偶扶养是双向的，丈夫在妻子生活困难时有帮助的义务，妻子在丈夫需要时同样也有给付的义务，但实际上由于妇女的经济能力大多低于男性，尤其在农村，这种差距更为明显，因此离婚时要求对方给予帮助的女性比例要远远大于男性。

当一个婚姻关系终结时（无论是协议离婚还是法院判决离婚），丈夫和妻子在法律上相互扶助的权利义务已经消灭，双方没有互相扶养的义务，也没有共享婚姻财产的权利，除去可能因子女抚养而涉及子女生活费、教育费的给付以及探望权利的行使外，双方在法律上已无任何特殊的联系。但是，法律却规定在一方生活困难的情况下，另一方应从其住房等个人财产中对另一方给予适当帮助，要求原本不承担义务的一方负担义务，原因何在呢？当一对男女结为合法夫妻，法律推定双方建立了一种相互信赖相互扶助的特殊社会关系，夫妻关系存续期间，双方都为维持这个婚姻共同体作了努力，这其中包括个人的自我损失和自我牺牲；当婚姻关系终结时，若一方生活困难，法律则要求另一方尽到扶助的责任，将道德上的义务上升为法律，因为我们不能排除一方的生活困难可能是为了家庭利益而放弃个人发展机会所造成的。当然在这种情况下，若双方书面约定财产归各自所有，离婚时，为家庭付出较多义务的一方可请求另一方给予补偿。但是这和《婚姻法》第 42 条的内容有很大区别。首先，补偿适用于分别财产制；其次，只有当一方对婚姻承担了较多义务时，才有权提请。而《婚姻法》第 42 条适用条件则不同：第一，它不限定于某类特定的财产制；第二，是否对婚姻共同体尽了较多义务，也不是提出请求的必要条件，只要在离婚时存在生活困难的情况，均可向对方请求经济帮助。

　　当然，《婚姻法》第 42 条只是原则性规定，法院在判决时，还应考虑到以下几个问题：①生活困难的界定，一般认为若一方离婚后分得的财产不足以维持其合理的生活需要，或者不能通过从事适当的工作维持其生活需要等，均可认为是生活困难的体现；②给予帮助的方式，法院应考虑双方的收入和财产，双方就业能力、子女抚养，婚姻期间的生活水平等因素，合理确定扶助的数额和方式；③需要说明的一点是，婚姻关系中的过错不应在考虑之列，这意味着有过错的一方若存在生活困难的情形，也可要求无过错方给予适当经济帮助。

　　本事例中，王老太从老家来到石家庄后发现家中房屋已经被老伴出租给他人，王老太只好流落街头四处乞讨，晚上连个栖身之所也没有，显然已经达到了生活困难的情形，法院应该判决将房屋的使用权分给王老太。但是鉴于房屋已经出租出去，所以，综合考虑，贾老汉应该给予王老太相应的经济补偿或是承担租房的费用。

法律依据

《中华人民共和国婚姻法》

第42条："离婚时，如一方生活困难，另一方应从其住房等个人财产中给予适当帮助。具体办法由双方协议；协议不成时，由人民法院判决。"

26 干爹与干女儿翻脸收回赠房，法院会不会支持？

典型事例

年过80的老王是一位孤寡老人，他将自己唯一的一套住房出租给外地姑娘小丽，姑娘时常去看望老人，还给老人买衣服送东西。老王认小丽为干女儿，并将住房赠送给小丽。2012年9月，老王和小丽通过房屋买卖的形式将老王房屋的产权转让给了小丽，实际上小丽并未支付对价。然而，2013年5月，干父女却为了赠送的房屋打起了官司。老王称，在小丽安排下，双方办了买卖手续，但原告并不知道合同的内容，也从未收到过购房款。现在被告却对原告不予关心，故诉请确认该房屋买卖合同无效，并且主张两人之间的合同是赠与合同，应该予以撤销。小丽则称，自己最近忙着做生意，无法像以前那样照顾老王，但至少每月看望他一次，老王很清楚房屋赠与的整个过程，自己不存在欺骗行为。

法院审理认为，原被告先签订了房地产买卖合同，后双方实际按赠与合同进行了履行，上述行为均系原被告的真实意思表示。

法院最后判决，原告要求确认买卖合同无效的诉请不予支持。

法律分析

"出门一把锁，进门一盏灯"，空巢老人最容易孤独和伤感。在此提醒各位老年人，在赠送高价值的财产之前，一定要三思而后行。本事例中，老王与小丽的房屋买卖合同并不存在《合同法》第52条规定的无效情形，因此属于有效的合同，至于最后小丽并未支付对价，那只是合同履行方式的不同，不影响合同的效力。依据《合同法》的相关规定，老王应该履行自己的义务，法院依法确认房屋买卖合同有效是正确的。

1. 依据法律的规定，合同生效是指合同产生法律约束力。合同生效后，其效力主要体现在以下几个方面：

（1）在当事人之间产生法律效力。一旦合同成立生效后，当事人应当依合同的规定，享受权利，承担义务。当事人依法受合同的拘束，是合同的对内效力。当事人必须遵循合同的规定，依诚实信用的原则正确、完全地行使权利和履行义务，不得滥用权利，违反义务。在客观情况发生变化时，当事人必须依照法律或者取得对方的同意，才能变更或解除合同。

（2）合同生效后产生的法律效果还表现在对当事人以外的第三人产生一定的法律拘束力。合同的这一效力表现，称为合同的对外效力。合同一旦生效，任何单位或个人都不得侵犯当事人的合同权利，不得非法阻挠当事人履行义务。

（3）合同生效后的法律效果还表现在，当事人违反合同的，将依法承担民事责任，必要时人民法院也可以采取强制措施使当事人依合同的规定承担责任、履行义务，对另一方当事人进行补救。

依法成立的合同，自成立时生效。也就是说，合同的生效，原则上是与合同的成立一致的，合同成立就产生效力。那么合同何时成立？《合同法》第 25 条规定："承诺生效时合同成立。"例如买卖合同，如果双方当事人对合同的生效没有特别约定，那么双方当事人就买卖合同的主要内容达成一致时，合同就成立并且生效。本事例中，老王与小丽之间的房屋买卖合同应该从老王承诺将房屋卖给小丽时生效。诚实信用原则在合同法中居特殊地位，在合同履行中，诚信履行亦构成合同履行的基本原则。合同的当事人应当依照诚信原则行使债权，履行债务。合同的约定符合诚信原则的，当事人应当严格履行合同，不得擅自变更或者解除。

2. 所谓无效合同就是不具有法律约束力和不发生履行效力的合同。一般合同一旦依法成立，就具有法律拘束力，但是无效合同却由于违反法律、行政法规的强制性规定或者损害国家、社会公共利益，自始无效。无效合同一般具有以下特征：

（1）无效合同具有违法性。一般来说《合同法》所规定的无效合同都具违法性，它们大都违反了法律和行政法规的强制性规定和损害了国家利益、社会公共利益，例如，合同当事人非法买卖毒品、枪支等。无效合同的违法性表明此类合同不符合国家的意志和立法的目的，所以，对此类合同国家就应当实行干预，使其不发生效力，而不管当事人是否主张合同的效力。

（2）无效合同是自始无效的。所谓自始无效，就是合同从订立时起，就没有法律约束力，以后也不会转化为有效合同。由于无效合同从本质上违反了法律规定，因此，国家不承认此类合同的效力。对于已经履行的，应当通过返还财产、赔偿损失等方式使当事人的财产恢复到合同订立前的状态。

3. 《合同法》规定，有下列情形之一的合同无效：

（1）一方以欺诈、胁迫的手段订立合同，损害国家利益。这是对以欺诈、胁迫的手段订立的合同效力的规定。在经济生活中出现很多以此类合同的方式侵吞国有资产和侵害国家利益的情形，但是受害方当事人害怕承担责任或者对国家财产漠不关心，致使国有资产大量流失，若此类合同不纳入无效合同之中，则不足以保护国有资产。

所谓欺诈，就是故意隐瞒真实情况或者故意告知对方虚假的情况，欺骗对方，诱使对方作出错误的意思表示而与之订立合同。欺诈的种类很多，例如，出售假冒伪劣产品，提供虚假的商品说明书，在没有履行能力的情况下，对外签订合同骗取定金或者货款等。欺诈具有以下构成要件：第一，欺诈一方当事人有欺诈的故意，即欺诈方明知告知对方的情况是虚假的，并且会使对方当事人陷于错误而仍为之。欺诈的故意既包括欺诈人有使自己因此获得利益的目的，也包括使第三人因此获得利益而使对方当事人受到损失。第二，要有欺诈另一方的行为。所谓欺诈行为，是指欺诈方将其欺诈故意表示于外部的行为，欺诈行为既可是积极的行为，也可是消极的行为。欺诈行为在实践中可分故意陈述虚假事实的欺诈和故意隐瞒真实情况使他人陷入错误的欺诈。故意告知虚假情况就是虚假陈述，如将劣质品说成优等品；故意隐瞒真实情况是指行为人负有义务向他方如实告知某种真实情况而故意不告知的。第三，受欺诈方签订合同是由于受欺诈的结果。只有当欺诈行为使他人陷于错误，而他人由于此错误在违背其真实意愿的情况下与之签订了合同，才能构成受欺诈的合同。

所谓胁迫，是指行为人以将要发生的损害或者以直接实施损害相威胁，使对方当事人产生恐惧而与之订立合同。因胁迫而订立的合同包括两种类型：一种是以将要发生的损害相威胁，而使他人产生恐惧。将要发生的损害可以是涉及生命、身体、财产、名誉、自由、健康等方面的，这种损害必须是相当严重的，足以使被胁迫者感到恐惧。如果一方所进行的将要造成损害的威胁是根本不存在的、没有任何根据的，或者受胁迫方根本不会相信的，不构成胁迫。另一种情况是行为人实施不法行为，直接给对方当事人造成人为的损害和财产的损害，而迫使对方签订合同。这种直接损害可以是对肉体的直接损害，如殴打对方；也可以是对精神的直接损害，如散布谣言，诽谤对方。因胁迫而订立的合同要具有如下构成要件：第一，胁迫人具有胁迫的故意，即胁迫人明知自己的行为将会对受胁迫方从心理上造成恐惧而故意为之的心理状态，并且胁迫人希望通过胁迫行为使受胁迫者作出的意思表示与胁迫者的意愿一致。第二，胁迫者必须实施了胁迫行为，如胁迫者必须要有以将要有的损害行为或者直接对对方施加损害相威胁的行为。如果没有胁迫行为，只具有主观上的故意，不构成胁迫行为。胁迫在合同中常常表现为强制对方订立合同而实施的，也可以是在合同订立后，以胁迫手段迫使对方变更或者解除合同。第三，胁迫行为必须是非法的。胁迫人的胁迫行为是给对方施加一种强制和威胁，但这种威胁必须是没有法律依据的。如果一方有合法的理由对另一方施加压力，则就不构成合同中的威胁。如一方向另一方提出如对方不按时履行合同，就要提起诉讼，则因为提起诉讼是合法手段，不构成胁迫。第四，必须要有受胁迫者因胁迫行为而违背自己的真实意思与胁迫者订立的合同。如果受胁迫者虽受到了对方的威胁但不为之所动，没有与对方订立合同或者订立合同不是由于对方的胁迫，则不构成胁迫。

（2）恶意串通，损害国家、集体或者第三人利益的合同。所谓恶意串通的合同，就是合同的双方当事人非法勾结，为牟取私利，而共同订立的损害国家、集体或者第三人利益的合同。例如，甲企业的产品质量低劣，销不出去，就向乙企业的采购人员或者其他订立合同的主管人员行贿，然后相互串通订立合同，将次品当成合格产品买入。在实践中比较常见的还有代理人与第三人勾结，订立合同，损害被代理人利益的行为。由于这种合同具有极大的破坏性，损害了国家、集体或者第三人的利益，为了维护国家、集体或者第三人的利益，维护正常的合同交易，《合同法》依据《民法通则》第 58 条的规定，将此类合同纳入了无效合同之中。

（3）以合法形式掩盖非法目的而订立合同。《民法通则》第 58 条第 1 款第 6 项规定，以合法形式掩盖非法目的的民事行为无效。此类合同中，行为人为达到非法目的以迂回的方法避开了法律或者行政法规的强制性规定，所以又称为伪装合同。例如，当事人通过虚假的买卖行为达到隐匿财产、逃避债务的目的就是一种比较典型的以合法形式掩盖非法目的的合同。由于这种合同被掩盖的目的违反法律、行政法规的强制性规定，并且会造成国家、集体或者第三人利益的损害，所以《合同法》把此类合同也纳入了无效合同中。

（4）损害社会公共利益的合同。许多国家的法律都规定违反了公序良俗或者公共秩序的合同无效。公序良俗或者公共秩序对于维护国家、社会一般利益及社会道德具有极其重要的作用。我国虽然没有采用公序良俗或者公共秩序的提法，但是我国《民法通则》第 58 条第 1 款第 5 项确立了社会公共利益的原则，即违反法律或者社会公共利益的民事行为无效。损害社会公共利益的合同实质上是违反了社会主义的公共道德，破坏了社会经济秩序和生活秩序。例如，与他人签订合同出租赌博场所。

（5）违反法律、行政法规的强制性规定的合同。只有违反了这些法律、行政法规的强制性规定的合同才无效。这是因为法律、行政法规包含强制性规定和任意性规定。强制性规定排除了合同当事人的意思自由，即当事人在合同中不得合意排除法律、行政法规强制性规定的适用，如果当事人约定排除了强制性规定，则构成该项规定的情形；对任意性规定，当事人可以约定排除，如当事人可以约定商品的价格。法律、行政法规的强制性规定与法律、行政法规的禁止性规定是不同的。法律、行政法规的强制性规定是指法律、行政法规规定人们不得为某些行为或者必须为某些行为，如法律规定当事人订立的合同必须经过有关部门的审批等都属于强制性规定；而法律、行政法规的禁止性规定只是指规定人们不得为某些行为的规定。由此可见，法律、行政法规的强制性规定应当包括法律、行政法规的禁止性规定。应当特别注意的是本项的规定只限于法律和行政法规，不能任意扩大范围。这里的法律是指全国人大及其常委会颁布的法律，如当事人订立的合同违反了刑事法律或者行政管理法律；行政法规是指由国务院颁布的法规，如我国税收征管、外汇管理的法规。实践中存在的将违反地方行政管理规定的合同都认定为无效的做法是不妥当的。

4. 赠与本是使受赠人取得利益的行为，如果受赠人对赠与人有加害行为或者其他忘恩负义行为的，法律应赋予赠与人撤销赠与的权利。赠与合同的法定撤销情形，均为受赠人有违法行为或者违反赠与合同约定的行为。赠与人依法撤销赠与的权利，是法律对赠与人加以保护的重要内容。赠与合同的法定撤销，是指赠与合同成立后，在具备法律规定的情形时，撤销权人可以撤销赠与。赠与的法定撤销与任意撤销的不同点在于：第一，撤销赠与须依法律规定的事由；第二，只要具备法定事由，不论赠与合同以何种形式订立以至经过公证证明，不论赠与的财产是否已交付，也不论赠与是否属于社会公益和道德义务性质，享有撤销权的人均可以撤销赠与。依据《合同法》第192条的规定，赠与人的法定撤销情形有如下含义：

（1）受赠人严重侵害赠与人或者赠与人的近亲属。其要点，一是，受赠人实施的是严重侵害行为，而不是轻微的、一般的侵害行为；二是，受赠人侵害的是赠与人本人或其近亲属，包括配偶、直系亲属（父母、子女、祖父母、外祖父母、孙子女、外孙子女等）、兄弟姐妹。如果侵害的是其他亲友则不在此列。至于受赠人的侵害行为是否必须出于故意，是否须达到构成犯罪的程度，一些国家和我国台湾地区的立法则有所不同。如德国规定，受赠人对赠与人或其近亲属有重大侵害行为或重大忘恩负义的行为时，赠与人得撤销其赠与。而我国台湾地区则规定，受赠人对赠与人或其最近亲属有故意侵害之行为，依刑法有处罚之明文者，以及对赠与人有扶养义务而不履行者，赠与人得撤销其赠与。由此可见，对撤销赠与的法定事由，德国的撤销条件较为宽松，并未特别指出是故意行为，也没有强调达到犯罪的程度，赠与人即可撤销赠与；而我国台湾地区的条件则较为严格，既明确为故意行为，又需构成犯罪。按照我国《合同法》的规定，受赠人只要严重侵害了赠与人或者赠与人的近亲属，赠与人即可撤销赠与，而不限于故意和犯罪行为。

（2）受赠人对赠与人有扶养义务而不履行。其要点在于：一是受赠人对赠与人有扶养义务；二是受赠人对赠与人有扶养能力，而不履行对赠与人的扶养义务。如果受赠人没有扶养能力或者丧失了扶养能力的，不产生赠与人撤销赠与的权利。本事例中，小丽与老王之间并没有法定的扶养义务，也没有约定相关扶养义务，因此老王主张的撤销赠与的主张法院不予支持。

（3）受赠人不履行赠与合同约定的义务。其要点在于：一是赠与合同约定了受赠人负有一定的义务；二是赠与人已将赠与的财产交付于受赠人；三是受赠人不履行赠与合同约定的义务。在附义务的赠与中，受赠人应当依约定履行其所负义务。在赠与人向受赠人交付了赠与的财产后，受赠人如不依约履行其义务，赠与人可以撤销赠与。

为了尽早确定赠与关系的去留，撤销权人应当依法及时行使撤销权。赠与人行使撤销权的期间为一年，自知道或者应当知道撤销原因之日起计算。这一期间属于除斥期间，即法律对某种权利所预定的行使期间，不存在中止、中断和延长的问题。撤销权人如在法律规定的期间内不行使撤销权的，其撤销权即归于消灭。

法 律依据

《中华人民共和国合同法》

第 44 条第 1 款："依法成立的合同，自成立时生效。"

第 52 条："有下列情形之一的，合同无效：

（一）一方以欺诈、胁迫的手段订立合同，损害国家利益；

（二）恶意串通，损害国家、集体或者第三人利益；

（三）以合法形式掩盖非法目的；

（四）损害社会公共利益；

（五）违反法律、行政法规的强制性规定。"

第 60 条第 1 款："当事人应当按照约定全面履行自己的义务。"

第 192 条："受赠人有下列情形之一的，赠与人可以撤销赠与：

（一）严重侵害赠与人或者赠与人的近亲属；

（二）对赠与人有扶养义务而不履行；

（三）不履行赠与合同约定的义务。

赠与人的撤销权，自知道或者应当知道撤销原因之日起一年内行使。"

27 栏杆偏低老太坠亡，敬老院应否赔偿?

典型事例

王老太有一个儿子，但是由于儿子平时出差，没有时间照顾王老太，征得王老太的同意后，将王老太送进了当地镇上的一家敬老院。不料，2013年2月19日早晨6时许，王老太坠楼身亡。王老太的儿子诉至法院要求解决。在法庭审理中，王老太的儿子认为，王老太入住后，敬老院应按约提供相应的护理。由于敬老院二楼阳台栏杆偏低，其工作人员疏于看护、怠于救护与王老太致死有直接的因果关系，故请求判令敬老院赔偿经济损失16.3万余元、精神抚慰金5万元。敬老院则辩解，敬老院阳台栏杆符合标准，王老太是完全民事行为能力人，到敬老院仅一个月时间，就有厌世情绪，其死亡的直接原因是自杀，因此，敬老院不应承担民事赔偿责任。法院审理认为，敬老院的建筑设施应符合《老年人建筑设计规范》，而王老太坠楼的阳台栏杆的高度低于标准18厘米，敬老院的建筑存在瑕疵，这与王老太的死亡有一定的因果关系。敬老院的建筑设施缺乏安全性，其应承担主要的民事赔偿责任。王老太患病后行动不便，但其安全防患意识仍需注意，由于其未注意安全，自身也有一定的责任，最终，敬老院与王老太的儿子各自承担了相应的责任。

法律分析

养老机构是指为老年人提供养护、康复等综合性服务的机构。现在老年人住敬老院成为一种时尚，子女们往往考虑到敬老院的各种优点将父母送进敬老院，比如更专业的护理人员照顾起居，如突发疾病可在第一时间被发现，可结识更多的老年朋友不会感到孤独，等等。但近年来因为老人在敬老院里摔伤、受伤而导致家属与敬老院之间的纠纷官司日益增多。

实践中，应该如何判断养老机构违反安全保障义务的标准呢？

1. 养老机构的安全保障义务主要包括两方面：第一，"物"之方面的安全保障义务，主要体现为保管、维护及配备义务；第二，"人"之方面的安全保障义务，这种义务体现在应配备适当的人员为参与社会活动的人提供预防外界及第三人侵害的保障。我国相关法律法规中并没有明确规定养老机构违反安全保障义务的判断标准，义务内容的规定不一而足，因此，不能用统一、单一的标准来衡量判断。

（1）法定标准。如果法律法规中明确规定了养老机构的行为标准，则按照法律法规的规定来判断。根据《老年人建筑设计规范》的规定，阳台栏杆扶手高度不应小于1.10米。如果因阳台栏杆扶手高度太小而致使老年人受伤，违反了法定的安全保障义务，则养老机构应当承担相应的责任。本事例中，王老太坠楼的阳台栏杆的高度低于标准18厘米，敬老院的建筑存在瑕疵，这与王老太的死亡有一定的因果关系。敬老院的建筑设施缺乏安全性，其应承担主要的民事赔偿责任。

（2）善良管理人标准。善良管理人的注意，又称"善良家父之注意"，和德国法上的"交易上必要之注意"相当，即依据交易上的一般观念，具有相当知识经验的人对于一定事件所用到的注意程度。养老机构作为一个专业性较强的机构，具有比较专业的知识与经验，因此，其需要注意的义务应当高于一般的普通人员。养老机构作为一个专业性的服务老年人的机构，具备该行业的专业知识及经验，且收取相应的报酬，其注意义务应当较强。

（3）特别注意标准。养老机构主要的服务对象老年人，而老年人因为生理、心理上的特殊情况，是社会弱势群体。该标准主要针对老年人的特殊情况，老年人的身体功能每况愈下等特殊问题。不可否认老年人随着年龄的增大，在社会中所处的地位是明显的弱势，在养老机构内的地位也是一个弱势的位置，而养老机构作为一个服务、管理、安排老年人生活起居的机构，应当对老年人的权益予以特别的保护。

2. 发生在养老机构的事故，养老机构应该承担的有侵权责任和违约责任两种，违约责任是基于养老人与养老机构签订的养老合同，侵权责任则是基于《侵权责任法》关于侵权人应该对其侵权行为负有侵权责任的规定。一般侵权责任的构成要件，是指构成一般侵权责任所必须具备的条件。具备构成要件，则构成一般侵权责任；欠缺任何一个构成要件，都可能会导致不构成一般侵权责任。侵权责任的构成要件受侵权责任规则原则的影响。在过错责任原则下，需要行为人有过错；在无过错责任原则下，则不考虑行为人是否存在过错。无论在哪种规则原则下，都需要有行为、损害事实以及二者之间的因果关系这三个构成要件。同时，无过错责任原则下的"无论有无过错"，也要建立在过错概念的基础上。

（1）这里所谓的行为是指侵犯他人权利或者合法利益的加害行为本身。若无行为人的行为，就不会产生侵权责任。根据《民法通则》第5条的规定，权利的相对人均负有不得侵犯权利的一般义务。侵犯权利的行为因为违反了法定义务，故具有违法性。违法行为是指公民或者法人违反法定义务、违反法律禁止性规定而实施的作为或者不作为。加害行为包括作为和不作为：作为是指不该作而作；不作为是指该作而不作。

（2）损害事实是指他人财产或者人身权益所遭受的不利影响，包括财产损害、非财产损害，非财产损害又包括人身损害、精神损害。《侵权责任法》在一般意义上采最广义的损害概念，不仅包括现实的已存在的不利后果，也包括构成现实威胁的不利后果。

一般而言，作为侵权责任构成要件的损害事实必须具备以下特征：损害事实是侵害合法权益的结果；损害事实具有可补救性；损害事实具有可确定性等。

（3）因果关系是指各种现象之间引起与被引起的关系。侵权法上的因果关系包括责任成立的因果关系和责任范围的因果关系。责任成立的因果关系，是指行为与权益受侵害之间的因果关系，考量的问题是责任的成立；责任范围的因果关系，是指权益受侵害与损害之间的因果关系，涉及的是责任成立后责任形式以及大小的问题。侵权法上因果关系的意义在于对侵权责任加以限定，一方面使受害人得到救济，另一方面又不至于无限扩大责任范围，限制行为自由。

（4）过错是指行为人应受责难的主观状态，分为故意和过失两种形式。故意是指行为人明知自己的行为会发生侵害他人权益的结果，并且希望或者放任这种结果发生的主观状态。过失是指行为人应当预见自己的行为可能发生侵害他人权益的结果，但却因为疏忽大意而没有预见，或者已经预见而轻信能够避免的主观状态。我国《民法通则》将过失分为重大过失和一般过失。所谓重大过失，是指行为人极为疏忽大意的情况；而一般过失则是指尚未达到重大过失的过失。在我国民法上，一般将故意和重大过失相提并论。法律对行为人提出了较高的注意义务，而行为人没有达到该较高的注意义务，但却达到了一般人的注意义务，此时就认为构成一般过失；行为人不仅未达到较高的注意义务，同时连一般人的注意义务都没有达到，就认定成为重大过失。

法 律依据

《中华人民共和国侵权责任法》
第3条："被侵权人有权请求侵权人承担侵权责任。"

第 16 条："侵害他人造成人身损害的，应当赔偿医疗费、护理费、交通费等为治疗和康复支出的合理费用，以及因误工减少的收入。造成残疾的，还应当赔偿残疾生活辅助具费和残疾赔偿金。造成死亡的，还应当赔偿丧葬费和死亡赔偿金。"

第 22 条："侵害他人人身权益，造成他人严重精神损害的，被侵权人可以请求精神损害赔偿。"

第 37 条第 1 款："宾馆、商场、银行、车站、娱乐场所等公共场所的管理人或者群众性活动的组织者，未尽到安全保障义务，造成他人损害的，应当承担侵权责任。"

最高人民法院《关于审理人身损害赔偿案件适用法律若干问题的解释》

第 6 条："从事住宿、餐饮、娱乐等经营活动或者其他社会活动的自然人、法人、其他组织，未尽合理限度范围内的安全保障义务致使他人遭受人身损害，赔偿权利人请求其承担相应赔偿责任的，人民法院应予支持。

因第三人侵权导致损害结果发生的，由实施侵权行为的第三人承担赔偿责任。安全保障义务人有过错的，应当在其能够防止或者制止损害的范围内承担相应的补充赔偿责任。安全保障义务人承担责任后，可以向第三人追偿。赔偿权利人起诉安全保障义务人的，应当将第三人作为共同被告，但第三人不能确定的除外。"

《老年人社会福利机构基本规范》

"老年社会福利院是指由国家出资举办、管理的综合接待'三无'老人、自理老人、介助老人、介护老人安度晚年而设置的社会养老服务机构，设有生活起居、文化娱乐、康复训练、医疗保健等多项服务设施。

养老院或老人院是专为接待自理老人或综合接待自理老人、

介助老人、介护老人安度晚年而设置的社会养老服务机构，设有生活起居、文化娱乐、康复训练、医疗保健等多项服务设施。"

28 女子以结婚为名诈骗孤寡老翁20万，老翁如何求助？

典型事例

42 岁的王某患有严重的尿毒症，每周需要花费 1000 余元费用用于做透析等。为了获取治疗费用维持生命，她瞒着与其共同生活近十年的男友，通过婚姻介绍所认识了年过七旬、孑然一身的孤寡老人老王。王某向老王隐瞒了自己患有重病和已有男友的事实，编造其有多处房产、正在做汽车销售生意等各种谎言，骗取了老王的信任。在自己毫无偿还能力的情况下，短短一年内，王某编造了为女儿看病、生意需要钱等理由，从老王手中"借"了20 万余元。没过多久，见感情已经成熟，老王开始催促王某结婚，结果遭到拒绝。渐渐地，老王开始对王某产生了怀疑，于是聘请律师进行多方调查，揭开了王某骗婚的真相。当"未婚妻"再次来到老王家中借钱，并吹牛说与丈夫离婚已获得了 120 万元的赔款，一定能将老王的钱还上时，老王的律师暗中报警，警察将其抓获。

法律分析

1. 骗子十大惯用伎俩：①电话、传单投石问路，诈骗公司会招聘一些无业人员，在上班时间乱打电话，试探对方，只要一听是老年人，就千方百计地引诱上当；②披着合法外衣，粉饰自己，让老年人难辨真伪；③先施"小恩小惠"、"感情投资"，骗取信任，让老年人血本无归；④移花接木，让老年人"眼见为实"；

⑤温馨服务，让老年人盛情难却；⑥请"专家"到场造势，让人深信不疑；⑦虚构产业，夸大业绩；⑧许以高额回报，编织发财美梦，让老年人"利令智昏"；⑨层级传销，许以头衔，让老年人成为"成功"人士；⑩抓住老年人的心理弱点，诱使老年人上当。

现实生活中，针对农村孤寡老人的街头诈骗更为普遍，主要有以下几种形式：

（1）"街头抛物诈骗"。这是目前老年人受骗率较高的诈骗方式。骗子在找到诈骗目标后，一个假装将钱包掉在地上，另一个上前捡起并表示要与目击者私分，还故意打开钱包看里面的钱。掉钱包的骗子会在分钱的时候走过来，表示要报案。捡钱包的骗子会让被骗对象保管钱包原地等候，自己陪"失主"搭车报案，并以自己带钱不够为由向受害者借钱，然后一去不回。其实钱包里装的全是白纸。

（2）"售假宝物诈骗"。一个骗子找到老人问路并承诺给带路费。在僻静的巷道，骗子会故作神秘地取出假宝物。此时，另一个打扮阔气、显得很有学问的骗子会及时出现，并对"宝物"进行一番吹嘘，直到老人相信这是个真的宝物，有升值潜力，最终让老人高价买下"宝物"。

（3）"以紧俏药诈骗"。一个骗子冒充药商问老人某制药厂地址，但根本没有这个制药厂。这时，另一个冒充机关单位干部的骗子出现了，表示厂址就在某医院并和医院某科长是好朋友。"药商"会以带路给好处费为诱饵，叫老人一起去医院。到医院后，一个所谓的科长骗子会及时出现，并故意说"药商"要买的药比较紧俏，但通过关系可以拿到批发价，然后转手倒卖获得暴利。"机关干部"会突然对此事表现出浓厚兴趣，并游说老人一起参与倒卖药品。

2. 老年人防范招数：①莫贪小便宜，拒绝小恩小惠，防止因小失大；②不要参加所谓公司提供的讲座、免费旅游、免费茶话会及免费参观公司经营等活动，防止受其蒙蔽；③不要相信有高额回报的各种名目的投资，防止利令智昏；④不要盲目相信高额回报的宣传和所谓"公司实力"，防止一叶蔽目；⑤老年人要多与子女等家人沟通，并树立正确的理财观念。

本事例中，王某在自己毫无偿还能力的情况下，短短一年内，编造了为女儿看病、生意需要钱等理由，从老王手中"借"了 20 万余元，最终被公安机关抓获，构成诈骗，依据《中华人民共和国刑法》第 266 条的规定：①诈骗不足 4000 元的，为罚金刑；4000 元以上不足 5000 元的，为管制刑；5000 元的，为拘役三个月，每增加 1670 元，刑期增加一个月；1 万元的，为有期徒刑六个月，每增加 1000 元，刑期增加一个月。②诈骗 4 万元的，为有期徒刑三年，每增加 2000 元，刑期增加一个月。③诈骗 20 万元的，为有期徒刑十年，每增加 4000 元，刑期增加一个月。④有下列情形之一的，重处 10%：其一，诈骗集团的首要分子或者共同诈骗犯罪中情节严重的主犯；其二，惯犯或者流窜作案，危害严重的；其三，诈骗法人、其他组织或者个人急需的生产资料，严重影响生产或者造成其他严重损失的；其四，诈骗救灾、抢险、防汛、优抚、救济、医疗等款物，造成严重后果的；其五，挥霍诈骗的财物，致使诈骗的财物无法返还的；其六，使用诈骗的财物进行违法犯罪活动的；其七，导致被害人死亡、精神失常或者其他严重后果的；其八，被告人曾因犯罪被判刑或因诈骗被行政处罚的；其九，诈骗作案 10 次以上的。⑤缓刑适用限制，有下列情形之一的，不适用缓刑：其一，未退赃或退赔的；其二，未主动接受财产刑处罚的。王某被抓获将面临十年以上有期徒刑。

法津依据

《中华人民共和国刑法》

第 266 条:"诈骗公私财物,数额较大的,处三年以下有期徒刑、拘役或者管制,并处或者单处罚金;数额巨大或者有其他严重情节的,处三年以上十年以下有期徒刑,并处罚金;数额特别巨大或者有其他特别严重情节的,处十年以上有期徒刑或者无期徒刑,并处罚金或者没收财产。本法另有规定的,依照规定。"

29 孤寡老人精神空虚性侵害幼女,法律是如何规定的?

典型事例

事例一:16 岁的智障女段某经常呕吐,家里人带她到医院检查,才发现其怀孕了。怒不可遏的段某父母向公安机关报案。经侦查,公安机关认定是段某同村 71 岁的孤寡老人老王所为。原来,一天,段某从老王家门前路过,老王顿生歹意,喊住段某:"我家里有好吃的,你过来尝尝。"段某来到老王家后,老王把她推到床上,与其发生了性关系。之后,只要有机会,老王就把段某骗到家中,与其发生性关系。案发后,有关部门对段某的精神状态鉴定结果称:精神发育迟滞(重度),无性防卫能力。

事例二:小丽和小红均是留守儿童,分别 11 岁、12 岁,其父母在外打工,两人均与爷爷奶奶生活在一起。老王是同村的一位 75 岁的孤寡老人。一开始,老王以给零花钱、送饼干为由,取得了小丽、小红对他的好感。随着时间的推移,小丽和小红放松了对老王的警惕,老王以给零花钱或买食品为由,分别将两人骗至家中,强行发生了性关系。事后,老王哄骗两人说:"不能对任何人说，如果说了，就不给钱了，也不买好吃的了。"结果，造成小丽重伤，小红死亡。案发后，老王供述说："与成年妇女相比，小女孩好骗，又没有那么多事。"

法律分析

1. 强奸罪，是指违背女性意志，使用暴力、胁迫或者其他手段，强行与女性发生性行为或者奸淫幼女的行为。暴力手段，指行为人使用殴打、捆绑等方法对被害人实行身体强制，使被害女性不能反抗；胁迫手段指行为人对被害人施以威胁、恫吓，进行精神上的强制，如杀伤被害人或其亲属、揭发其隐私等；其他手段，指利用女性昏迷、重病之机实行奸淫，等等。根据最高人民法院2003 年发布的有关司法解释，对于明知是患精神病而无性表示能力的妇女，或者是未满 14 周岁的幼女而与其发生性行为的，不论行为人是否采用了暴力、胁迫等手段，也不论对方是否表示同意，均应以强奸论。犯罪主体方面，根据《刑法》第 17 条的规定，已满 14 周岁的人犯强奸罪的，应负刑事责任。事例一中，老王明知段某是患精神病而无性表示能力的妇女，对其进行奸污；事例二中，老王强奸 11 岁和 12 岁的幼女，即使幼女同意发生性关系，老王仍旧构成强奸罪，况且本事例中，两个幼女并没有作出同意的意思表示。所以，两个事例中的老王均构成强奸罪。依据《刑法》第 236 条的规定，事例一中的老王应该判处 3 年以上 10 年以下有期徒刑。事例二中的老王强奸幼女并且导致一死一伤，符合强奸罪的加重处罚情节，应该判处 10 年以上有期徒刑、无期徒刑或者死刑；但是需要注意的是，事例二中的老王已经 75 周岁，故意犯罪的，可以从轻或者减轻处罚。

对于农村孤寡老人的刑事犯罪情况，调查分析发现，因生活空虚和不健康的心理引发的性犯罪呈多发趋势，而侵害对象多为年幼、智障等女性弱势人群。在农村，无儿无女的孤寡老人占有相当大的比例，他们也有自己的生理需求，在不健康的心理支配下，有的就心生邪念，从而引发性犯罪。由于老年男性大多年老体弱，不敢打成年妇女主意，一般采取非暴力诱骗等手段，把性犯罪的目标锁定在幼女、弱智女性身上。另外，老年人心理健康问题，也是不容忽视的大问题。一方面，由于当前经济和社会生活方式的影响，许多老年人大多数时间或者独自生活，或者与"留守儿童"相依为命。尤其在农村，青壮年劳动力多数外出打工，留下老人和小孩在家，难以从实际生活上给予关心和照顾，容易产生心理问题。另一方面，大多数老年人文化程度低，法律意识淡薄，自我约束能力差，存在侥幸心理。因此，在加大对农村老人的生理和心理方面进行关怀的同时，还要进一步抓好法制宣传教育的落实，增加全社会的遵纪守法意识，并通过典型案例的宣传，加大对老、弱等特殊人群依法维权的力度。

2. 农村孤寡老人本应该颐养天年，但是性犯罪频发的原因是什么呢？

（1）社会保障不足、子女关心匮乏以及老年人的心理问题是诱因之一。社会、家庭对老年人特别是孤寡老人关爱较少是导致老年人犯罪的一大原因。老年人在青壮年时期，精神充实，能够抵制或无暇顾及外界不良影响。随着年龄增加，体力下降，子女成家另居，对老人过问较少，使得老人晚年生活孤苦寂寞，特别是孤寡老人，无儿无女，无依无靠，极易产生犯罪冲动。"老有所为，老有所乐"没有从根本上解决，社会、家庭对老年人特别是孤寡老人关爱较少。老年人在物资生活条件较好的情况下，目前没有从根本上真正解决"老有所为，老有所乐"的问题，特别是边远山区的农村老年人，有饭吃，有衣穿，有房住，有零花钱用，但较多的老年人，尤其是一些男性老年人生活孤独，思想落后，精神空虚，一旦有机可乘，就萌发了"性犯罪"动机而不可抑制。

（2）不知法守法，法制意识差。这些犯罪的老年人都生活在较为边远的山区农村，不知道与未满14周岁的少女和完全无性防卫能力的痴呆女性发生性关系是犯罪行为，故而走上犯罪道路。

（3）供老年人娱乐休闲的设施缺乏，社会刺激因素增多。一些可供老年人娱乐的方式、场所相对较少，导致老年人晚年生活孤寂。一些地方的影剧院、录像厅等娱乐场所，街头巷尾的书籍、报刊等不良文化泛滥，针对老年人的娱乐方式、场所相对较少，一些终日无所事事的老年人沉迷于其中，老年人性犯罪案件中，大多数是受到淫秽文化的侵蚀，无法自拔，最终走上了犯罪的道路。

（4）值得一提的是农村"空巢"现象对老年人的影响。农村中存在着为数不少的丧偶或寡居老年男性，再加上子女外出打工无人陪伴，其心理和生理上的孤独寂寞会随着社会刺激因素的增多而引发畸形心理问题。农村"空巢"现象，使老年人犯罪有了可乘之机。由于改革开放的进一步发展，客观上加剧了大量农村剩余劳动力的外移，青壮年外出务工后，家中只剩下年幼的孩子、妇女和老人，这给老年人犯罪提供了可乘之机，从而导致犯罪行为。

（5）传统观念中，老人历来是"德高望重"的代名词。人们往往认为老年人人生经验丰富，辨别是非能力强，因此人们在关心老年人晚年生活中，忽视了对老年人的思想道德教育。在我国，尤其是农村地区，老年人文化水平相对较低，对于法律知识非常陌生，法律意识淡薄。当前我国正在加大普法宣传，但往往会忽略对老年人的普法教育，尤其是农村老人。这些犯罪的老年人专门凌辱幼女和痴呆女性，没有正确的道德观念，因此，他们很容易走向违法犯罪的道路。

（6）老龄化逼近却忽略了性健康。近年来，老年人性犯罪案件屡屡出现，每起案件都引发社会各界的极大关注。每每遇到类似事件，人们总是把目光更多地放在了遭受性侵害的弱者身上，往往忽视了一个问题：老年人的"性健康"。我国逐渐进入老龄化社会，但我们忽略了老年人的性健康，而使其成为老年性犯罪的原因之一。随着物质生活水平的提高，老年人的身体素质有了提高，很多人的性需求和性能力并没有随着年龄增长而丧失殆尽，同样需要性生活。据性医学研究，相当部分老年人的性生活可以持续到 70 岁以上，少部分人可以保持到 80 岁左右。其中，男性老年人在这方面尤为突出。特别是在农村，老人分居现象极为普遍，有的老人虽然有配偶，但分别随不同的子女生活，平时很少有机会在一起，难以过正常的夫妻生活。同时，在我国传统文化氛围下，许多在性方面有需求的老年男性，不敢、不情愿也不好意思通过正常的交友或是婚姻的途径满足生理和心理需求，只能苦苦压抑，日积月累便会逐步形成极度饥渴的性心理。在特定的时间和场合，一些老年男性偶遇性刺激时，他们的伦理意识和法制观念都极易在瞬间崩溃，往往就会采取猥亵甚至强奸等极端的方式来发泄。因为老年男性的心理和体质特点，他们往往会把目标锁定在幼女、弱智女性身上，所以老年男性犯罪制造的案件影响更大。

3. 对于如何预防和减少老年人违法犯罪现象，已引发了各方思考，应该从以下几个方面做起：

（1）不断完善有关老年人的法律体系。我国现行的《老年人权益保障法》、《婚姻法》等对老年人享有的权利、义务进行了规范，但由于有些条文规定不够具体，操作性不强。一些基层法院法官表示，希望能尽快制定出譬如《预防老年人犯罪法》、《老年人犯罪处罚法》等，以便形成我国老年人保护性法律的完整体系，对生活困难的老年人，要及时给予救助，对侵犯老年人合法权益的行为要及时给予制裁，让全社会都来关爱老年人，让老年人都老有所养、老有所医、老有所教、老有所为、老有所学、老有所乐，从而减少老年人犯罪率。

（2）开展以"八荣八耻"为主要内容的道德教育。目前在城镇、在机关、在企业单位搞得有声有色，但在农村，特别是边远山区的农村几乎没有开展，尤其是对边远山区农村男性老年人的道德教育成了死角。因此，在开展"八荣八耻"的道德教育时，要把农村男性老年人作为重要的教育对象，采用有效方式，强化道德教育，使他们自觉地遵守道德规范，欢度自己的晚年，抑制或减少他们的"性犯罪"动机。

（3）政府、社会、家庭三位一体，密切配合，共同关爱老人。基层村组织要加强老年协会的建设、指导，以老年协会为纽带，加强对老年人的教育管理工作，为老年人提供有益身心的健康娱乐、体育活动场所，充实老年人的文化娱乐生活，使之精神上有所寄托。同时还应发挥基层调解组织的作用，及时就老年人夫妻之间、子女之间、邻里之间的矛盾加以妥善调解，排查化解矛盾，避免矛盾激化，从而达到预防和减少老年人犯罪的目的。

（4）打击与教育并重，加强法制宣传教育。要突出打击重点，对严重刑事犯罪分子，要加大打击力度，依法从重从快惩处，以伸张社会正义，震慑犯罪，以案说法，教育老年人学法、懂法、用法，认识犯罪的危害性，自觉抵制犯罪，从而预防和减少犯罪。同时，媒体要给予老年人正确的舆论引导，帮助老年人树立正确的人生观、价值观和世界观，提高老年人的文化素质和修养，使其老有所乐，老有所为，自觉抵制不良思想的侵袭。

只有动员全社会关心尊重老人，切实保护老年人的合法权益，营造良好的环境，开展丰富多彩的有积极意义的文化活动，完善社会福利制度，吸引老年人投入健康的社会活动，解除老年人的后顾之忧，才能在源头上遏制老年人犯罪，共同营造和谐社会。

法律依据

《中华人民共和国刑法》

第 236 条："以暴力、胁迫或者其他手段强奸妇女的，处三年以上十年以下有期徒刑。

奸淫不满十四周岁的幼女的，以强奸论，从重处罚。

强奸妇女、奸淫幼女，有下列情形之一的，处十年以上有期徒刑、无期徒刑或者死刑：

（一）强奸妇女、奸淫幼女情节恶劣的；

（二）强奸妇女、奸淫幼女多人的；

（三）在公共场所当众强奸妇女的；

（四）二人以上轮奸的；

（五）致使被害人重伤、死亡或者造成其他严重后果的。"

第 17 条第 5 款："已满七十五周岁的人故意犯罪的，可以从轻或者减轻处罚；过失犯罪的，应当从轻或者减轻处罚。"

30 "儿子"骗走孤寡老人养老钱，老人为何容易被骗？

典型事例

王老太是镇江农村的一名孤寡老人，丈夫十年前死于工伤事故，儿子四年前又命丧交通意外。王老太与年仅 10 岁的孙子依靠儿子的死亡赔偿金相依为命。2010 年，王老太认识了外来户小李，"他后来经常帮我干些农活，陪我聊天解闷，有时还带点小礼品给我孙子，人很好、很孝顺。后来，我就认他做了'干儿子'"。

2010 年 3 月的一天傍晚，小李垂头丧气地来到王老太家，他告诉王老太说自己最近的工作不出业绩，需要钱急用。看着苦苦哀求的"干儿子"，善良的王老太心软了，于是把 20 万元现金交给了小李。随后的三个月里，小李又先后 2 次通过同样的方式从顾老太手里拿走 10 余万元。王老太后来发觉后及时报案，日前小李被法院以诈骗罪判处有期徒刑十二年零二个月，并处罚金 20 万元。

法 律分析

农村留守老人为何容易受骗？首先是农村治安防范存在隐患。由于农村人口居住较为分散，治安管理难度较大，农村治安状况不甚理想。有的村镇虽然建立了治安联防队等组织，但基层治安联防人员多为留守老人，作用并不十分明显，主要表现在两个方面：一是，对赌博行为难以及时发现和制止。据小李交代，他诈骗得来的 110 万元绝大部分都"奉献"给了农村山林里的赌场，"这些赌场地点不定，每次都是在赌博结束后老板才通知下次赌博的地点，我参与赌博的三年里，没有被发现过"。二是，治安联防工作仍停留在防盗、防火等传统层面，对于新出现的诈骗犯罪不能及时发现和制止。其次，农村留守老人法律意识淡薄的问题同样不容忽视。农村留守老人大多文化程度不高，针对他们的普法宣传教育又较少，导致他们普遍对法律了解甚少，自我防范意识较差，警惕性不高，容易上当受骗。

基层政府应强化农村治安防控工作，建立完善农村治安联防队等组织，加强对基层治安联防人员的培训和管理，提高他们维护农村治安的能力和水平；同时，要加大法律宣传力度，广泛开展法律进农村活动，提高农村留守老人的法律意识和防范意识，增强自我保护能力。

法津依据

《中华人民共和国刑法》

第 266 条："诈骗公私财物，数额较大的，处三年以下有期徒刑、拘役或者管制，并处或者单处罚金；数额巨大或者有其他严重情节的，处三年以上十年以下有期徒刑，并处罚金；数额特别巨大或者有其他特别严重情节的，处十年以上有期徒刑或者无期徒刑，并处罚金或者没收财产。本法另有规定的，依照规定。"

31 儿女以放弃继承权为由拒绝履行赡养义务，老人变成孤寡，法律是否允许？

典型事例

老王的老伴于 2012 年去世，老王还有一个儿子，但是最近几年，由于老王的身体越来越差，需要儿子照顾的时间较多，于是小王提出他现在放弃继承权而拒绝履行赡养义务，一时间，老王成了彻底的孤寡老人。老王无奈之下，将自己的儿子告上法院，要求法院依法判决小王履行赡养义务。

法津分析

本事例中，首先需要判定小王放弃继承权的行为是否有效？《继承法》第 2 条规定："继承从被继承人死亡时开始。"第 25 条规定："继承开始后，继承人放弃继承的，应当在遗产处理前，作出放弃继承的表示。没有表示的，视为接受继承。"所以，公民申请办理放弃继承权公证，有很强的时间性，一定要在被继承人死亡后，遗产处理前这段时间提出。过了这段时间，公证处均不予受理。公民申请办理放弃继承权公证，应当亲自到其所在地或行

31. 儿女以放弃继承权为由拒绝履行赡养义务，老人变成孤寡，法律是否允许？

为发生地公证处提出申请，不能委托他人代理。申请时，应当逐项填写公证申请表，并提供：①本人的身份证明；②被继承人的死亡证明；③本人与被继承人的亲属关系证明，可由本人所在单位的人事部门提供，这种亲属关系为确实享有继承权的亲属；④有本人签名的放弃继承权声明书。当事人申请办理放弃继承权公证应注意的问题：①当事人放弃继承权声明应当在法定期限内作出；②放弃继承权公证生效后，即对当事人产生法律约束力，一般不能更改；③放弃继承权不应附带其他条件或将自己放弃的权利转给他人，如出现这种情况，应按接受继承办理；④放弃继承权的人，应当是享有继承权的人，不享有继承权的人，自然就谈不上放弃继承权了。所以，本事例中，小王口头的放弃继承权的行为是无效的。

父母对子女有抚养教育的义务，同时子女对父母也有赡养扶助义务。赡养是指子女在物质上和经济上为父母提供必要的生活条件；扶助则是指子女对父母在精神上和生活上的关心、帮助和照料。父母抚养教育了子女，也为社会创造了财富，为民族培养了后代，他们理应得到社会和家庭的尊敬和照顾。我国《宪法》第45条规定，中华人民共和国公民在年老的情况下，有从国家和社会获得物质帮助的权利。根据该规定，老年职工可以按照国家的规定领取退休金，没有亲属供养的老人可以享受国家和集体提供的福利。《老年人权益保障法》也规定，国家和社会应当采取措施，健全对老年人的社会保障制度，逐步改善保障老年人的生活、健康以及参与社会发展的条件。老年人有从国家和社会获得物质帮助的权利。但是，在我国发展的现阶段，赡养老人还是家庭的一项重要职能。国家和社会对老年人的物质帮助，还不能完全取代家庭在这方面的作用。子女对父母履行赡养扶助义务，是对家庭和社会应尽的责任。根据《宪法》第49条的规定，成年子女有赡养扶助父母的义务。《老年人权益保障法》第 13 条规定，老年人养老主要依靠家庭，家庭成员应当关心和照料老人。

子女作为赡养人，应当履行对老年人经济上供养、生活上照料和精神上慰藉的义务，照顾老年人的特殊需要。儿子和女儿都有义务赡养父母，已婚妇女也有赡养其父母的义务和权利。根据《老年人权益保障法》第 14 条的规定，赡养人的配偶应当协助赡养人履行赡养义务。一切有经济能力的子女，对丧失劳动能力，无法维持生活的父母，都应予以赡养。对不在一起生活的父母，应根据父母的实际生活需要和子女的负担能力，给付一定的赡养费用。赡养费用一般不低于子女本人或当地的普通生活水平，有两个以上子女的，可依据不同的经济条件，共同负担赡养费用。经济条件较好的子女应当自觉、主动地承担较大的责任。赡养人之间也可以就履行赡养义务签订协议，并征得老年人的同意。居民委员会、村民委员会或者赡养人所在单位监督协议的履行。

赡养人的义务具体还应表现为以下几个方面：一是，应当妥善安排老年人的住房，不得强迫老年人迁居条件低劣的房屋。老年人自有的或者承租的住房，子女或者其他亲属不得侵占，不得擅自改变产权或者租赁关系。老年人的自有住房，赡养人有维修的义务。二是，赡养人不得要求老年人承担力不能及的劳动。赡养人有义务耕种老年人承包的田地，照管老年人的林木和牲畜等，其收益归老年人所有。三是，赡养人不得以放弃继承权或者其他理由，拒绝履行赡养义务。赡养人不履行赡养义务，老年人有要求赡养人付给赡养费的权利。老年人的婚姻自由受法律保护。子女或者其他亲属不得干涉老年人离婚、再婚及婚后生活。赡养义务不得因老年人的婚姻变化而消除。

子女不仅要赡养父母，而且要尊敬父母，关心父母，在家庭生活中的各方面给予扶助。当年老、体弱、病残时，更应妥善加以照顾，使他们在感情上得到慰藉，愉快地安度晚年。

如果子女不履行赡养义务，需要赡养的父母可以通过有关部门进行调解或者向人民法院提起诉讼。人民法院在处理赡养纠纷时，应当坚持保护老年人的合法权益的原则，通过调解或者判决使子女依法履行赡养义务。对负有赡养义务而拒绝赡养，情节恶劣构成遗弃罪的，应当承担刑事责任。所以，事例中小王的行为严重的可能构成遗弃罪。

法律依据

《中华人民共和国婚姻法》

第 21 条第 1 款："父母对子女有抚养教育的义务；子女对父母有赡养扶助的义务。"

《中华人民共和国老年人权益保障法》

第 19 条："赡养人不得以放弃继承权或者其他理由，拒绝履行赡养义务。

赡养人不履行赡养义务，老年人有要求赡养人付给赡养费等权利。

赡养人不得要求老年人承担力不能及的劳动。"

最高人民法院《关于贯彻执行〈中华人民共和国继承法〉若干问题的意见》

第 46 条："继承人因放弃继承权，致其不能履行法定义务的，放弃继承权的行为无效。"

---

32 孤寡老人结婚，另一方的子女能否干涉？

典型事例

今年 75 岁的村民老王，去年老伴去世，而同村的老年妇女李某，丈夫也已去世多年，两位老人都单独生活。去年春节前，老王为求有个照应，有意与李某成家，李某也表示同意，但李某的子女们认为母亲这么大年纪了，再结婚有伤全家人的体面，都坚决反对，并想方设法不让两位老人相互来往。某晚，李某的儿子发现两位老人又在一起，不问青红皂白，上前便对老王一阵毒打，导致老王当场创伤性休克死亡。

法律分析

1. 婚姻自由又称婚姻自主，是指婚姻当事人享有自主决定自己婚姻的权利。婚姻当事人按照法律的规定，有权基于本人的意志，自主自愿地决定自己的婚姻问题，不受他人的干涉和强制。当事人是否结婚，与谁结婚，是其本人的权利，任何人无权干涉。自愿是实现婚姻自由的前提，双方意思表示一致是婚姻以互爱为基础的必要条件。婚姻自由包括结婚自由和离婚自由。结婚自由，就是结婚须男女双方本人完全自愿，不允许任何一方对他方加以强迫，或者第三人加以干涉。保障婚姻自由，是为使男女双方能够依照《婚姻法》的规定，基于自己的意愿结成共同生活的伴侣，建立幸福美满的家庭。所谓离婚自由，是指婚姻当事人有权自主地处理离婚问题。双方自愿离婚的，可以协商离婚。一方要求离婚的，可以诉至法院解决。保障离婚自由，是为使无法维持的婚姻关系得以解除，使当事人免除婚姻名存实亡的痛苦。结婚自由和离婚自由是统一的，二者相互结合，缺一不可。

婚姻自由原则最先是资产阶级提出来的，它是资产阶级反封建斗争的产物。资产阶级把婚姻自由宣布为一种天赋的"人权"，用以抨击封建的包办、买卖婚姻，这在历史上具有进步意义。但资产阶级的婚姻自由又是虚伪的。在资本主义社会中，婚姻被看作是一种契约，婚姻自由是契约自由的特殊形式，婚姻始终为金钱、权势、美色所左右。社会主义的婚姻基于本人的意愿，这种婚姻上的自由是社会主义婚姻制度的重要基石，是在婚姻领域反封建、反资本主义影响的法律武器。婚姻自由既与包办、买卖婚姻相对立，又与轻率地对待婚事毫无共同之处。实行婚姻自由，并不是一个人在自己的婚姻问题上可以随心所欲，放任自流，想"结"就"结"，想"离"就"离"，而是必须依照法律的规定处理婚姻大事。坚持婚姻自由，更与在两性关系上任意放荡、违法乱纪、道德败坏的行为水火不相容。每一公民都应当在法律规定的范畴内正确行使婚姻自由的权利。

2. 禁止包办、买卖婚姻和其他干涉婚姻自由的行为；禁止借婚姻索取财物。坚持婚姻自由原则，就要反对包办婚姻和买卖婚姻，禁止借婚姻索取财物。包办婚姻，是指第三人违反婚姻自主的原则，包办强迫他人婚姻的违法行为。买卖婚姻，是指第三人以索取大量财物为目的，强迫他人婚姻的违法行为。买卖婚姻往往表现为第三人向男方要嫁女的身价以及贩卖妇女与人为妻。借婚姻索取财物是指除买卖婚姻以外的其他以索取对方财物为结婚条件的违法行为。

（1）包办婚姻和买卖婚姻都是违反婚姻自由的原则，强迫他人婚姻的行为，它们的区别在于是否以索取钱财为目的。包办婚姻、买卖婚姻都是剥削社会婚姻制度的产物，是和社会主义婚姻制度根本不相容的，必须坚决禁止。其他干涉婚姻自由的行为也在法律禁止之列。对于以暴力干涉他人婚姻自由的人和拐卖妇女的人贩子，要严加惩办。

（2）买卖婚姻和借婚姻索取财物都是以索取一定数量的财物为结婚的条件，二者的区别是：买卖婚姻是把妇女的人身当作商品，索取嫁女的身价或者贩卖妇女，包办强迫他人的婚姻；借婚姻索取财物，则不存在包办强迫他人婚姻的问题。借婚姻索取财物有多种表现，譬如，双方婚事基本上是自愿的，但女方认为不要彩礼就降低了"身价"，于是就向男方要许多东西。又如，有的女方父母向男方索取一定财物，作为同意女儿出嫁的条件。借婚姻索取财物的行为往往给当事人的婚姻和婚后生活带来困难，也腐蚀了人们的思想，败坏了社会风气，故亦为《婚姻法》所禁止。至于父母、亲友或者男女双方出于自愿的帮助、赠与，则不能认为是买卖婚姻和借婚姻索取财物的行为，因为这种赠与不是婚姻成立的条件。

3. 实践中，干涉婚姻自由有下列几种情形：①包办婚姻，是指第三者违反婚姻自由的原则，包办强迫他人婚姻的违法行为；②买卖婚姻，是指第三者以索取大量财物为目的，包办强迫他人婚姻的违法行为；③子女干涉父母再婚的行为；④干涉寡妇再婚的行为；⑤干涉男方到女家落户结婚的行为；⑥干涉非近亲属结婚的行为；⑦干涉或强迫他人离婚的行为；⑧干涉老年人再婚的行为；⑨干涉他人复婚的行为等等。本事例中，就是一方子女干涉父母的婚姻自由的情形。

4. 干涉婚姻自由有何法律后果呢？我国《民法通则》第103条规定："公民享有婚姻自主权，禁止买卖、包办婚姻和其他干涉婚姻自由的行为。"因此，婚姻的自由是受法律保护的。结婚自由是公民的一项基本权利，应当是双方当事人自觉自愿的事情，没有谁有权利干涉。因此当自己的婚姻自由被他人所干涉时，请向专业律师咨询，向有关部门反映情况，向法院提出起诉，运用法律武器维护自己的基本权利。包办婚姻、买卖婚姻和其他干涉婚姻自由的行为，都是第三者侵犯当事人婚姻自主权的违法行为，有关部门和人民法院对这些行为都应分别情况，依法处理，以切实保护受害人的合法权益，保障婚姻当事人的婚姻自由。

（1）对婚姻关系的处理，根据《婚姻法》第11条的规定，凡第三人包办、买卖或婚姻当事人一方胁迫登记结婚的，受胁迫一方可以在结婚登记之日起一年内向婚姻登记机关或人民法院请求撤销该婚姻。被非法限制人身自由的当事人，应当自恢复人身自由之日起一年内提出。

（2）被婚姻登记机关或人民法院撤销的婚姻，自始无效，不具有夫妻的权利和义务关系。对于财产的处理，凡是因包办婚姻、买卖婚姻的当事人在同居期间所得的财产，在撤销婚姻时，由双方协议处理，协议不成的，由人民法院根据照顾无过错方的原则判决。

（3）暴力干涉婚姻自由罪，是指用暴力手段干涉他人结婚自由或离婚自由的行为。《刑法》第257条第1、2款规定："以暴力干涉他人婚姻自由的，处二年以下有期徒刑或者拘役。犯前款罪，致使被害人死亡的，处二年以上七年以下有期徒刑。"所以，干涉他人婚姻自由还有可能构成刑事犯罪。

法津依据

《中华人民共和国婚姻法》

第2条第1款："实行婚姻自由、一夫一妻、男女平等的婚姻制度。"

第3条第1款："禁止包办、买卖婚姻和其他干涉婚姻自由的行为。禁止借婚姻索取财物。"

第11条："因胁迫结婚的，受胁迫的一方可以向婚姻登记机关或人民法院请求撤销该婚姻。受胁迫的一方撤销婚姻的请求，应当自结婚登记之日起一年内提出。被非法限制人身自由的当事人请求撤销的，应当自恢复人身自由之日一年内提出。"

第12条："无效或被撤销的婚姻，自始无效。当事人不具有夫妻的权利和义务。同居期间所得的财产，由当事人协议处理；

协议不成时，由人民法院根据照顾无过错方的原则判决。对重婚导致的婚姻无效的财产处理，不得侵害合法婚姻当事人的财产权益。当事人所生的子女，适用本法有关父母子女的规定。"

《中华人民共和国民法通则》

第 103 条："公民享有婚姻自主权，禁止买卖、包办婚姻和其他干涉婚姻自由的行为。"

《中华人民共和国刑法》

第 257 条："以暴力干涉他人婚姻自由的，处二年以下有期徒刑或者拘役。

犯前款罪，致使被害人死亡的，处二年以上七年以下有期徒刑。

第一款罪，告诉的才处理。"

33 孤寡老人死后，由谁承担其欠银行的债务？

典型事例

老王是本村的一位孤寡老人，2012 年因病去世，但是其生前欠下银行 3 万元债务。2011 年，老王与同村的小李签订了遗赠扶养协议，于是，小李在老王死后继承了老王的遗产，现在银行向小李要求其清偿老王的债务，小李不知道该不该清偿。

法律分析

1. 被继承人的遗产，既有积极遗产，也有消极遗产。积极遗产，是指被继承人生前所有的个人财产和其他可以继承的财产权益。消极遗产，是指被继承人所遗留的债务和其他应履行的财产义务。继承人在继承被继承人的积极遗产的同时，也要对被继承人的消极遗产负清偿责任。继承人接受继承，是其承担清偿被继承人消极遗产的必要前提条件。继承人放弃继承的，对被继承人依法应当缴纳的税款和债务便可以不负偿还责任。继承人在清偿被继承人的消极遗产时，只能以被继承人遗产的实际价值为限，即继承人承担清偿被继承人的消极遗产的责任范围，采取的是以其所接受的遗产实际价值为限的原则。这种原则称为限定的继承原则。对超出遗产实际价值的那部分消极遗产，继承人可以不负偿还责任。继承人自愿全部偿还的，不在此限。清偿被继承人的消极遗产时，不得取消为缺乏劳动能力又没有生活来源的继承人保留的必要的遗产份额。如果继承人中有缺乏劳动能力又没有生活来源的人，即使遗产不足以清偿债务，也应为其保留适当遗产，然后再按《继承法》和我国现行《民事诉讼法》的规定清偿债务。在确定被继承人债务时，应当将被继承人个人所欠债务同家庭共同债务、继承开始时因殡葬被继承人所生之债相区别。在清偿被继承人的消极遗产时，税款应优先于其他债务清偿。

2. 但是，以下的场合不适用限定继承原则：

（1）限定继承，只适用于死者生前应当缴纳的个人税款和债务。凡属于家庭共同欠下的债务和税款，即使死者生前出面，以死者名义欠下的家庭共同债务或税款，也应当由家庭全体成员承担，不适用限定继承原则。

（2）如果是为继承人生活需要，而使被继承人欠下的税款或债务不属限定继承范围，继承人要负清偿的责任。由于继承人不供养被继承人，而被继承人为了正常生活需要，欠下的生活费、医疗费等，也不受限定继承原则的限制，继承人应负责清偿。

（3）如果继承人愿意清偿超过的部分，法律并不禁止，但是继承人清偿之后，不得以限定继承为由请求返还。

根据《继承法》的规定，如果被继承人欠有债务，由继承人在其继承遗产价值范围内负有偿还责任。所以对于孤寡老人所欠的债务是用其所有的个人财产来偿还的，接纳老人的养老院或者居委会没有替其偿还的义务。本案中，小李应当以其继承的遗产为限，清偿老王生前所欠债务。

法津依据

《中华人民共和国继承法》

第33条："继承遗产应当清偿被继承人依法应当缴纳的税款和债务，缴纳税款和清偿债务以他的遗产实际价值为限。超过遗产实际价值部分，继承人自愿偿还的不在此限。

继承人放弃继承的，对被继承人依法应当缴纳的税款和债务可以不负偿还责任。"

34 孤寡老人的养老，可以签订遗赠扶养协议吗？

典型事例

老王是一位农村孤寡老人，78岁，有田地、房子，自己不愿意参加五保。享受有国家低保、农保，现因病生活自理困难，经此老人同意，一本姓氏兄弟（外村人）愿承养此老人，承诺生养死葬，并继承老人的财产、田地。本姓氏其他人皆无异议，于是双方签订了遗赠扶养协议。

法津分析

遗赠扶养协议，是指公民与扶养人、集体所有制组织签订的有关扶养、遗赠的协议。按照遗赠所确立的受遗赠人的范围，遗赠扶养协议中的扶养人专指法定继承人以外的人。遗赠扶养协议是遗产转移的一种方式，它是我国立法机关总结我国人民群众的实践经验创造出来的一种遗产处理方法。遗赠扶养协议是由遗赠人与扶养人，在意思表示一致的基础上达成的协议，它以书面形式签订为宜。按照此协议，遗赠人享受被扶养的权利，承担将个人财产赠给扶养人的义务；扶养人承担遗赠人生养死葬的义务，享有取得被扶养人的遗产的权利。遗赠扶养协议包括遗赠和扶养两方面的内容，遗赠内容应写明遗赠财产的名称、数量；扶养内容应写明提供扶养的具体内容和办法。协议双方应在协议上签名或盖章，并注明年、月、日。遗赠扶养协议一经签订，双方当事人必须认真遵守协议的各项规定，否则应承担违约责任。遗赠扶养协议与法定继承、遗嘱继承方式相比较，具有最强的法律效力。

1. 遗赠扶养协议的法律效力高于法定继承和遗嘱继承。我国《继承法》第5条规定："继承开始后，按照法定继承办理；有遗嘱的，按照遗嘱继承或者遗赠办理；有遗赠扶养协议的，按照协议办理。"在财产继承中如果各种继承方式并存，应首先执行遗赠扶养协议，其次是遗嘱和遗赠，最后才是法定继承。

2. 遗赠扶养协议一经签订，双方必须认真遵守协议的各项规定。被扶养人对协议中指明的财产，在其生前可以占有、使用，但不能处分。如果遗赠的财产因此而灭失，扶养人有权要求解除遗赠扶养协议，并要求补偿已经支出的扶养费用。扶养人必须认真履行扶养义务。如果扶养人不尽扶养义务，或者以非法手段谋取被扶养人的财产，经被扶养人的亲属或有关单位请求，人民法院可以剥夺扶养人的受遗赠权。如果扶养人不认真履行扶养义务，致使被扶养人经常处于生活困难、缺乏照料的情况时，人民法院可以酌情对遗赠财产的数额给予限制。

3. 遗赠扶养协议的执行期限一般较长，在此期间如因一方反悔而使协议解除时，便发生两种法律后果：一是，扶养人无正当理由不履行协议规定的义务，导致协议解除的，不能享受遗赠的权利，其已支付的扶养费用，一般也不予补偿；二是，受扶养人无正当理由不履行协议，致使协议解除的，则应适当偿还扶养人已支付的扶养费用。

4. 遗赠扶养协议签订后，遗赠人与其子女、扶养人与其父母之间的权利义务关系并不因此而解除。遗赠人的子女对遗赠人的赡养扶助义务，不因遗赠扶养协议而免除。同时，遗赠人的子女对其遗赠以外的财产也仍享有继承权。扶养人在与遗赠人订立遗赠扶养协议的情况下，由于不发生收养的法律效力，因而对自己的父母仍然有赡养扶助的义务，享有互相继承遗产的权利。

最高人民法院《关于贯彻执行〈中华人民共和国继承法〉若干问题的意见》第55、56条指出，集体组织对"五保户"实行"五保"时，双方有扶养协议的，按协议处理；没有扶养协议，死者有遗嘱继承人或法定继承人要求继承的，按遗嘱继承或法定继承处理，但集体组织有权要求扣回"五保"费用。扶养人或集体组织与公民订有遗赠扶养协议，扶养人或集体组织无正当理由不履行，致协议解除的，不能享有受遗赠的权利，其支付的供养费用一般不予补偿；遗赠人无正当理由不履行，致协议解除的，则应偿还扶养人或集体组织已支付的供养费用。

法津依据

《中华人民共和国继承法》

第31条："公民可以与扶养人签订遗赠扶养协议。按照协议，扶养人承担该公民生养死葬的义务，享有受遗赠的权利。

公民可以与集体所有制组织签订遗赠扶养协议。按照协议，集体所有制组织承担该公民生养死葬的义务，享有受遗赠的权利。"

《中华人民共和国老年人权益保障法》

第 36 条："老年人可以与集体经济组织、基层群众性自治组织、养老机构等组织或者个人签订遗赠扶养协议或者其他扶助协议。

负有扶养义务的组织或者个人按照遗赠扶养协议，承担该老年人生养死葬的义务，享有受遗赠的权利。"

附：遗赠扶养协议范本

遗赠人：_____

扶养人：_____

因年老，患_____等病，身体衰弱。家中无人照料，长期以来依靠_____照顾。经双方邀约，愿意签订遗赠扶养协议，并请作证，双方承诺履行以下协议：

1. 愿将自己的楼房一套，建筑面积为_____平方米，房产证（   ）以及房屋中的一切家具、杂物，全部赠给_____，在_____去世后即受领上述全部财产。

2. 保证继续悉心照顾，让老人安度晚年。至_____去世之前供给其衣、食、住、行、医疗等全部费用，并保证_____的生活水平保持全市平均水平以上。饮食起居的一切照顾由_____承担。去世后由_____负责送终安葬。

3. 在房产证办好之后，积极协助_____办理房产证过户手续，将该房产过户到_____名下。

4. 如果扶养人_____有_____行为，遗赠人_____可以解除此遗赠扶养协议。

5、如果遗赠人把_____又处置给他人，构成对此遗赠扶养协议的违反，扶养人_____可以解除此遗赠扶养协议。

6. 本协议自签订之日起生效。

本协议一式五份，_____、_____各执一份，证人_____，各保存一份。

遗赠人：（签字盖章）
扶养人：（签字盖章）
证明人：（签字盖章）
（签字盖章）
　　　年　　月　　日

35 孤寡老人可以从国家获得哪些物质帮助？

典型事例

老王是本村的一位 80 岁的孤寡老人，最近，村委会宣传政府在老年人物质帮助方面的政策，他不知道自己能得到哪些物质帮助，于是向律师进行了详细的询问，最后，明白了自己拥有的相关物质帮助的权利。

法律分析

物质帮助权是《宪法》规定的我国公民的一项基本权利，指公民在年老、疾病、残疾等丧失劳动能力或部分丧失劳动能力的情况下，有权利从国家和社会获得物质帮助，从而维持基本生活。

公民获得物质帮助的情况是年老、疾病或者丧失劳动能力。"年老"是指公民在国家规定的职工退休年龄以上，已没有劳动能力或者不适于继续参加劳动。"疾病"是指公民因为患有某种疾病无能力或者不适于继续参加劳动。"丧失劳动能力"是指包括年老、疾病或者其他原因而失去劳动能力。具备上述三个条件之一，公民即有权从国家和社会获得物质帮助。国家的物质帮助是指政府有关部门如民政、劳动等部门向上述公民提供基本生活条件方面的物质帮助。社会的物质帮助是指集体经济组织、人民团体、群众自治组织以及社会其他方面提供的各类物质帮助。

老人获得相应的物质帮助是理所当然的，实践中，对于那些失业的老人应该特别的重视。随着改革的逐步深化和市场经济的建立和完善，社会生活中出现了一种新现象，即公民的失业。公民一旦失业，其物质生活就很难得到保障，这就提出一个问题，失业的公民是否能享受国家和社会的物质帮助？从《宪法》规定的"年老"、"疾病"和"丧失劳动能力"三种情况来看，并不包括"失业"公民应当享受物质帮助的情况。但是，随着情况的发展变化，特别是根据《宪法》规定公民获得社会保障权的精神，可以认为，失业公民应当有权获得国家和社会的物质帮助。1982年《宪法》修改时，受计划经济的影响还比较大，当时农村居民不存在失业现象，城市居民的工作也主要是通过计划手段安排分配的，因此失业还没有成为社会问题，因此，当时没有将失业列为获得社会保障的情况之一是可以理解的。但是，现在，公民的失业已经成为一种社会现象，需要引起国家和社会的重视和关怀。《宪法》规定公民有从国家和社会获得物质帮助的权利，基本的出发点是，保障每个公民享有维持相当的物质生活水准的权利，是国家的一项基本义务，即任何公民在通过自己的能力不能达到基本的物质生活水准时，国家都有给予其特殊帮助和照顾的义务。因此，从这一出发点看，公民失业，应当有获得国家和社会物质帮助的权利。

同时，国家努力发展社会保障事业。国家社会保障事业发展的状况，直接关系到人民群众物质文化生活水平的整体发展，关系到社会稳定，关系到社会主义优越性的发挥。年老、疾病或者丧失劳动能力的公民，有权从国家社会两个方面获得物质帮助，但国家在提供物质帮助方面应当起主要作用。为使公民能更好地享受到各类物质帮助，国家需要大力发展社会保障事业。具体说来，要在以下三个方面大力发展社会保障事业：首先，发展社会保险事业。社会保险是通过保险方式为公民在年老、患病、丧失劳动能力等情况下提供各种帮助措施的总称。其次，发展社会救济事业。社会救济包括对既无人供养又丧失劳动能力的人的救济，也包括对因自然灾害或者其他不幸事故而受到灾难者的救济。最后，发展医疗卫生事业。本事例中，老王是 80 岁的孤寡老人，是完全可以主张相应的物质帮助权的，例如领取农村养老保险金、获得政府的生活救济等。

法律依据

《中华人民共和国老年人权益保障法》

第 3 条："国家保障老年人依法享有的权益。

老年人有从国家和社会获得物质帮助的权利，有享受社会服务和社会优待的权利，有参与社会发展和共享发展成果的权利。

禁止歧视、侮辱、虐待或者遗弃老年人。"

《中华人民共和国宪法》

第 45 条第 1 款："中华人民共和国公民在年老、疾病或者丧失劳动能力的情况下，有从国家和社会获得物质帮助的权利。国家发展为公民享受这些权利所需要的社会保险、社会救济和医疗卫生事业。"

36 孤寡老人享有哪些法律规定的权利？

典型事例

老王是先进村的一位孤寡老人，今年 76 岁，但是，现在生活困难，经济拮据，基本的生活都得不到满足。他听说国家在保障孤寡老人权益方面有很多规定，但是自己却一无所知，后来他通过咨询律师明白了自己应该拥有的权益，自己的生活也因此得到了相应的改善。

法津分析

1996 年 10 月 1 日起施行的《老年人权益保障法》规定的老年人合法权益主要内容有：

1. 从国家社会获得物质帮助的权利。《老年人权益保障法》第 3 条明确规定，老年人有从国家和社会获得物质帮助的权利，有享受社会发展成果的权利。国家和社会应健全对老年人的社会保障制度，实现老有所养、老有所医、老有所为、老有所学、老有所乐。对老年人的社会保障项目主要包括：养老保险、医疗保险、社会救济、社会福利、社区服务、住房保障、老年教育、法律援助等内容。离退休老年人的养老金领取；孤寡老人的社会福利救济；交不起医药费时可减免；请求法律援助、减免诉讼费等内容是国家、社会提供给老年人具体的物质帮助。

城镇老年人应该享受国家规定的养老保险。《老年人权益保障法》第 28 条规定："国家通过基本养老保险制度，保障老年人的基本生活。"第 34 条规定："老年人依法享有的养老金、医疗待遇和其他待遇应当得到保障，有关机构必须按时足额支付，不得克扣、拖欠或者挪用。"我国从 1991 年起开始建立由国家基本养老保险、企业补充养老保险和个人储蓄性养老保险相结合的多层次养老保险体系，实行个人储存与统筹互相结合的原则，为每个职工建立了养老保险账户。另外，国家除了建立养老保险制度以外，还对城镇特困老年人给予救济。城市的老年人，无劳动能力、无生活来源、无赡养人和扶养人的，或者赡养人确无赡养能力的，由当地人民政府给予救济。法律对农村老年人的养老保险也作出了不少规定。对于农村中的无劳动能力、无生活来源，又无人赡养的老年人，应由农村集体经济组织负担保吃、保穿、保住、保医、保葬的五保供养。同时，也鼓励农村中的孤寡老人与其他公民或村、社等集体组织签订遗赠扶养协议，由遗赠人写下遗嘱，将其个人所有的合法财产如房屋等指定在其死后转移给扶养人所有，而由扶养人承担老人的生养死葬义务。在老年人医疗保障方面，国家规定，有关部门在制定医疗保险办法时，应当对老年人给予照顾；医疗机构应当为老年人就医提供方便，对 70 周岁以上的老年人就医，予以优先。有条件的地方，可为老年人特设家庭病床，上门诊疗。对于经济困难无力支付医疗费用的患病老年人，提倡社会救助，当地人民政府根据情况可以给予适当帮助。地方各级人民政府根据当地条件，在老年人参观、游览、乘坐公共交通工具等方面，对老年人有优厚的待遇和照顾。

2. 受赡养的权利。抚幼养老应是做人的本性和起码的道德。老年人为社会辛勤劳动，贡献毕生的精力，为子女操劳终身，为家庭做出贡献。在他们年老体弱时，丧失劳动能力时，理应得到社会和子孙们的尊敬、关怀，给予生活上的帮助，使他们安度晚年，这既是社会的职责，也是家庭的功能。我国《婚姻法》第 21 条规定，子女对父母有赡养扶助的义务。子女不履行赡养义务时，无劳动能力的或生活困难的父母，有要求子女付给赡养费的权利。根据我国《老年人权益保障法》规定，子女对父母的赡养义务的内容更为广泛。

（1）值得注意的是，实践中赡养人范围：根据《婚姻法》、《老年人权益保障法》以及最高人民法院的司法解释，有四类亲属对老年人负有赡养、扶养义务：一是老年人的配偶；二是老年人的成年子女；三是老年人的弟妹；四是老年人的成年孙子女、外孙子女。一般情况下，弟妹、孙子女、外孙子女对祖父母、外祖父母没有赡养的义务，但当老年人的子女全部死亡或生存的子女没有赡养能力时，老年人成年的有负担能力的孙子女、外孙子女，对于需要赡养的老年人就有赡养的义务。另外，赡养人的配偶对老年人虽没有赡养义务，但根据《老年人权益保障法》第 14 条第 3 款的规定，赡养人的配偶应当协助赡养人履行义务。

（2）赡养义务的内容：法律规定对老年人的赡养包括对老年人进行经济上的供养、生活上的照料和精神上的慰藉三大方面。

第一，对老年人的经济供养，包括：对无经济收入或收入较低的老年人，赡养人要支付必要的生活费，保证老年人的基本生活需要；对患病的老年人应当提供医疗费用和护理；对缺乏或者丧失劳动能力的农村老年人的承包田，赡养人有义务耕种，并照顾老年人的林木和牲畜等，收益归老年人所有。

第二，对老年人生活上的照料，主要指：当老年人因患病卧床，年高行动不便或患老年痴呆症等原因，致使生活不能自理时，赡养人要照顾老年人日常的饮食起居。

第三，精神上的慰藉，主要指：赡养人应尽力使老年人的晚年生活过得愉快、舒畅。现实生活中，对老年人精神上的赡养容易被忽视，随着物质生活水平的提高，对老年人精神上的慰藉将成为主要的赡养内容。在现实生活中，有一种特殊情况，即在子女未成年时，父亲或母亲对子女未尽过抚养义务，导致子女成年后不愿意对父母承担赡养义务。

3. 劳动权利。老年人虽已离退休，但是他们的劳动权利并没有丧失。我国老年人中蕴藏大量的宝贵人才，有潜在的巨大的创造力，他们大多愿为国家和社会再做贡献。应当为他们提供劳动就业的机会，创造条件使他们为社会做贡献。

4. 婚姻自由权。婚姻自由权包括结婚和离婚两个方面的自由。

老年人的婚姻自由权指老年人有权按照法律规定、自主自愿决定自己的婚姻问题，排除任何人的强制与干涉。现实生活中老年人的结婚自由与离婚自由时常受到干涉，这是干涉婚姻自由的违法行为。《老年人权益保障法》第11条规定："老年人的婚姻自由受法律保护。子女或者其他亲属不得干涉老年人离婚、再婚及婚后的生活。赡养人的赡养义务不因老年人的婚姻关系变化而消除。"由此可见，离婚、丧偶之后的老年人依法享有再婚的自由，子女或其他亲属不得以各种理由加以干涉。现在，有些子女从经济利益，或为钱财或为住房等私利考虑，干涉老年人再婚，这些都是违法的行为。另外，老年人的离婚自由也是不可忽视的问题。当老年人与配偶双方感情确已破裂，婚姻关系无法维持时，当事人有权提出解除婚姻关系，子女或其他亲属不能因为父母年老而忽视他们的感情需要，反对父母离婚。

5. 居住权。法律规定老年人对自己所有的私房享有房产权，可以自己居住使用，也可以依法赠与、出卖给他人；老年人对以自己名义承租的公房或他人所有的房屋，享有房屋租权。

6. 财产所有权。财产所有人依法对自己的财产享有的权利，是民事权利中最重要、最基本的权利之一，是老年人确立其社会地位的物质保障，许多养老纠纷的发生就是老年人没有充分享有财产所有权。

7. 自由处分遗产权。指老人对其生前积累的财产，有根据自己心愿、子女和配偶对自己的关心与照顾情况，决定由一人或数人继承自己的遗产以及他们的继承份额，或者决定把自己生前积累的财产无偿地赠送给他人。老年人享有自由处分自己个人、合法财产的权利，常见的情况是自己名下的房产以分家析产的形式分给自己的子女所有。但在现实生活中，我们经常遇到父母将自己财产以立下协议或遗嘱的形式分给多个子女后，结果部分子女却认为父母对财产分配不公而拒绝赡养已经年老体弱的父母。当然，老年人有权自由处分自己的个人财产，不仅仅是指将财产分给自己的子女所有，父母也有将自己的财产捐赠给国家、赠送给社会福利机构或其他人的权利。子女或亲属不能干涉父母对财产的处分权，也不得强行夺取老年人的财物。

8. 参与社会发展的权利。社会发展离不开老年人的参与，老年人可以对青少年进行革命传统的教育，维护社会治安等。

9. 继承权。为了保证老年人的生活水平不致降低，一方面，规定老年人有权继承子女的财产；另一方面，在分割遗产时，应当优先照顾老年人的利益。老年配偶间发生一方死亡的事实时，生存方享有配偶身份的继承权。在确定被继承人遗产范围时需注意，夫妻共同财产的一半为遗产。继承遗产是有法律程序的。配偶、子女、父母为第一顺序继承人，如果没有第一顺序继承人的，才能由第二顺序继承人继承。第二顺序的继承人为：兄弟姐妹、祖父母、外祖父母，孙子女、外孙子女。所以，那种认为老人不能继承子女遗产的认识是不对的。

此外，女性老年人享有依法继承其男性老年配偶遗产的权利，那种认为男性老人的遗产只能由其子孙继承的说法是不合法的。

10. 继续受教育的权利。社会不断发展，知识需要更新。离退休老年人愿意继续受教育，国家与社会应支持与帮助。

11. 房产权。由于住房紧张，老年人住房问题比较突出。老年人的住房经常被挤占，从正房到偏房、到厨房甚至被挤到牛棚、猪圈，更严重的被挤出家门。住房对老年人十分重要，因为人到老年，活动范围缩小，住房是他们的生活环境，一旦受到侵犯，将直接影响老年人的身心健康和晚年生活。

法律依据

《中华人民共和国婚姻法》

第21条："父母对子女有抚养教育的义务；子女对父母有赡养扶助的义务。

父母不履行抚养义务时，未成年的或不能独立生活的子女，有要求父母付给抚养费的权利。

子女不履行赡养义务时，无劳动能力的或生活困难的父母，有要求子女付给赡养费的权利。"

《中华人民共和国老年人权益保障法》

第14条："赡养人应当履行对老年人经济上供养、生活上照料和精神上慰藉的义务，照顾老年人的特殊需要。

赡养人是指老年人的子女以及其他依法负有赡养义务的人。

赡养人的配偶应当协助赡养人履行赡养义务。"

第15条："赡养人应当使患病的老年人及时得到治疗和护理；对经济困难的老年人，应当提供医疗费用。

对生活不能自理的老年人，赡养人应当承担照料责任；不能亲自照料的，可以按照老年人的意愿委托他人或者养老机构等照料。"

第16条："赡养人应当妥善安排老年人的住房，不得强迫老年人居住或者迁居条件低劣的房屋。

老年人自有的或者承租的住房，子女或者其他亲属不得侵占，不得擅自改变产权关系或者租赁关系。

老年人自有的住房，赡养人有维修的义务。"

第17条："赡养人有义务耕种或者委托他人耕种老年人承包的田地，照管或者委托他人照管老年人的林木和牲畜等，收益归老年人所有。"

第18条："家庭成员应当关心老年人的精神需求，不得忽视、冷落老年人。

与老年人分开居住的家庭成员,应当经常看望或者问候老年人。

用人单位应当按照国家有关规定保障赡养人探亲休假的权利。"

第21条:"老年人的婚姻自由受法律保护。子女或者其他亲属不得干涉老年人离婚、再婚及婚后的生活。

赡养人的赡养义务不因老年人的婚姻关系变化而消除。"

第22条:"老年人对个人的财产,依法享有占有、使用、收益和处分的权利,子女或者其他亲属不得干涉,不得以窃取、骗取、强行索取等方式侵犯老年人的财产权益。

老年人有依法继承父母、配偶、子女或者其他亲属遗产的权利,有接受赠与的权利。子女或者其他亲属不得侵占、抢夺、转移、隐匿或者损毁应当由老年人继承或者接受赠与的财产。

老年人以遗嘱处分财产,应当依法为老年配偶保留必要的份额。"

37 农村孤寡老人能申请"五保"吗?

典型事例

老王无儿无女,最近由于身体健康状况越来越差,于是想申请"五保",但是不知道自己的条件是否符合,经过咨询律师,老王终于明白了自己申请"五保"的条件,最终如愿以偿的申请到了"五保户",自己的生活得到了基本的保障。

法津分析

"五保供养"是我国对农村无法定扶养义务人扶养、无法维持正常生活的劳动力，无正常生活经济来源的老人、残疾人、孤儿等在吃、穿、住、医、葬等方面给予生活照顾和物质帮助的一种社会保障制度。在农村，"五保供养"是集体福利事业，由农村集体经济组织负责提供所需的经费和实物。根据《老年人权益保障法》和《农村五保供养工作条例》的有关规定，农村的老年人必须同时具备以下三个条件，才可以申请"五保供养"：①无劳动能力；②无生活来源；③无赡养人和扶养人，或者其赡养人和扶养人确无赡养能力或者扶养能力。

同时具备以上三个条件的农村老年人，应当由他本人申请或者由村民小组提名，经村民委员会审核，报乡、民族乡、镇人民政府批准，发给五保供养证书，由农村集体经济组织负担保吃、保穿、保住、保医、保葬的"五保供养"。

申请"五保供养"的程序如下：①本人向村民委员会提出申请；②村民委员会民主评议；③在本村范围内公告；④报送乡、民族乡、镇人民政府审核；⑤乡、民族乡、镇人民政府20日内审核；⑥乡、民族乡、镇人民政府报送县级人民政府民政部门审批；⑦县级人民政府民政部门20日内作出审批决定；⑧颁发农村五保供养证书。

法津依据

《农村五保供养工作条例》

第2条："本条例所称农村五保供养，是指依照本条例规定，在吃、穿、住、医、葬方面给予村民的生活照顾和物质帮助。"

第6条："老年、残疾或者未满16周岁的村民，无劳动能力、无生活来源又无法定赡养、抚养、扶养义务人，或者其法定赡养、抚养、扶养义务人无赡养、抚养、扶养能力的，享受农村五保供养待遇。"

第 7 条："享受农村五保供养待遇，应当由村民本人向村民委员会提出申请；因年幼或者智力残疾无法表达意愿的，由村民小组或者其他村民代为提出申请。经村民委员会民主评议，对符合本条例第六条规定条件的，在本村范围内公告；无重大异议的，由村民委员会将评议意见和有关材料报送乡、民族乡、镇人民政府审核。

乡、民族乡、镇人民政府应当自收到评议意见之日起 20 日内提出审核意见，并将审核意见和有关材料报送县级人民政府民政部门审批。县级人民政府民政部门应当自收到审核意见和有关材料之日起 20 日内作出审批决定。对批准给予农村五保供养待遇的，发给《农村五保供养证书》；对不符合条件不予批准的，应当书面说明理由。

乡、民族乡、镇人民政府应当对申请人的家庭状况和经济条件进行调查核实；必要时，县级人民政府民政部门可以进行复核。申请人、有关组织或者个人应当配合、接受调查，如实提供有关情况。"

附：农村五保申请相关注意事项：

（出处 http://www.chddh.com/yingyong/html/11909.html）

一、申请条件：

（一）具备"三无"（无生活来源、无劳动能力、无法定赡养人）条件，男年满 60 周岁、女年满 55 周岁；

（二）因病、残完全丧失劳动能力，具备"三无"条件的残疾人；

（三）孤儿。

二、申请的材料：

（一）申请享受五保待遇，应当提交下列材料：

1. 五保户本人的申请书；

2. 五保户本人的居民身份证及户口簿复印件；

3. 《五保供给及财产处理协议书》；

4. 五保户现有家庭财产清理登记表；

5. 《双流县新增五保户花名表》。

（二）停止享受五保待遇时，应当提交下列文件：

停止享受五保的由镇（街道）社会事务办（科）向县民政局报送《双流县停止享受五保户花名表》。

三、申请表格：

申请人需提交《新增五保户申请表》表格，可在户口所在地的村（居）民委员会便民服务站领取。

四、申请的程序：

（一）申请人向户口所在地的村（居）民小组提出书面申请；

（二）经村（居）民小组会议讨论通过；

（三）由村（居）民小组向村（居）民委员会上报；

（四）经村（居）民委员会审查后报镇（街道）审批；

（五）由镇（街道）、村（居）民委员会、村（居）小组与五保户的法定监护人签订《五保供给及财产处理协议书》；

（六）由镇（街道）向县民政局上报备案。

五、申请办理时限：20 个工作日。

六、申请办理收费标准及依据：不收费。

村委会向镇（场）社会事务办领取《农村五保户申请、审批表》一式三份，并交村民申请人填写或村委会代填；

村委会审批签章后，报镇（场）社会事务办；

镇（场）社会事务办入户核实后，将审批表一式三份报镇（场）政府审批，并加盖镇（场）政府公章，一份留镇存查，一份交村委会，一份报区民政局并领取《农村五保供养证书》；

镇（场）将供养证书填写、编号，并加盖镇政府公章后交五保户本人收执；

实行集中供养的，由镇政府每月按标准发给五保户供养费或集中在敬老院统一供养；实行散居亲属供养的，由镇政府、受委托的扶养人和五保对象三方签订《农村五保户供养协议书》一式三份，三方各执一份，受委托扶养人应负责五保户的供养问题。

38 农村孤寡老人的社会养老保险费如何领取？

典型事例

老王是跃进村的一位 80 岁的孤寡老人，最近村里在讨论社会养老保险费的发放问题，老王不知道自己能否领取到社会养老保险费以及领取多少，最终，找到本村就读于中国政法大学的小孙才明白了相关的社会养老保险费的国家政策。

法津分析

农村养老保险是社会保险（非商业保险）的一个重要组成部分。而根据我国农村养老保险最新政策，凡是非城镇人员支付一定的劳动所得，在丧失劳动能力时都可以从国家和社会取得帮助，享受养老金。我国农村人口众多，而农村养老保险最新政策的实行，也让广大农民朋友老有所养，晚年无忧。现阶段，国家应该建立基本养老金正常调整机制，根据职工平均工资增长、物价上涨情况，适时提高基本养老保险待遇水平。退休人员养老金水平不仅取决于退休时计发的数额，还要随国家基本养老金水平的调整而增加。计发办法只是计算确定了参保人员退休时的养老金待遇水平，而参保人员退休后平均还要生活 25 年以上，需要分享经济社会发展成果。因此，必须建立基本养老金的正常调整机制。

在调整时需要考虑到工资增长、物价、养老保险基金和财政承受能力等多种因素，以当地企业退休人员的养老金水平和上年度企业在岗职工平均工资增长率的一定比例确定。

实践中，我国农村社会养老保险严重滞后于社会经济发展的客观要求。在由家庭养老向社会养老体制转化的过程中，还存在着交纳保险金数额较低、管理水平低和养老基金的保值增值难度大等问题。究其原因，有很多，但是主要的原因如下：首先，农村经济落后是最基本的原因。一方面由于农业本身是第一产业，创造生产力的效果没有其他产业那么明显，所以国家对其管理与监督的力度不够；另一方面，由于农业的发展主要在农村，国家的管理可能会因管理层级太多而导致管理的失灵。所以，由于农业产业的弱势，在刚刚实行市场经济要求大力发展经济的时候，国家就制定了牺牲农业来发展工业的政策。其次，立法的滞后。关于农村社会养老保险的推行，只有 1992 年 1 月 3 日中华人民共和国民政部公布实行的《县级农村社会养老保险基本方案（试行）》。国家没有根据经济与社会的发展及时地对法律做出调整。

1. 新农村养老保险坚持以下基本原则：

（1）因地制宜的发展社会养老保险，强制性与自愿性相结合。即应该立足于中国国情，根据各地的经济发展水平，根据各地农民对社会养老保险的需求、缴费能力的不同适时、适当地建立农村养老保险。只有当地区经济的总体实力能够提供剩余积累，而且从积累中提取的资金用于社会养老保险对地区的经济发展和人们当前的生活消费没有影响时，建立社会保险才具有可能性，在尚未解决温饱问题时就谈建立社会养老保险是不现实的。

（2）农村社会养老保险体系与其他保障制度的协调发展原则。建立多层次的农村养老保障体系。自我保障层次：家庭保障，体现为成年子女对老年人"反哺"；个人储蓄，以青壮年时的个人储蓄养老；土地保障还可以发挥其有益补充作用。政府负责层次：财政与政策支持。集体保障层次：传统的或新型的经济组织给予补助。

（3）区别对待原则。针对不同的对象，进行不同的管理。对于进城务工的农民应该灵活对待，能够纳入到城镇中参加养老保险的尽量纳入城镇的养老保险体系，提前与城镇的养老保险体系衔接；不能纳入的参加农村养老保险体系。

（4）循序渐进原则。表现在以下几个方面：第一，逐渐扩大农村社会养老保险的覆盖范围；第二，资金的筹集在现阶段坚持个人交纳为主，集体补助为辅，国家给予财政与政策支持，随着农民收入的不断增加，集体和国家支持的份额逐渐减少；第三，逐渐与城镇社会养老保险体系衔接，实现城乡统一的社会养老保险体系；第四，现阶段应建立多层次的养老保障，与家庭养老等保障制度相结合，今后慢慢过渡到完全的以社会养老保险解决养老问题。

2. 基本养老金由统筹养老金和个人账户养老金组成。基本养老金根据个人累计缴费年限、缴费工资、当地职工平均工资、个人账户金额、城镇人口平均预期寿命等因素确定。所谓统筹养老金，原先称为基础养老金，就是指从用人单位缴费组成的统筹基金中向退休者支付的那部分养老金；而所谓个人账户养老金，就是指从职工个人账户积累中向退休者支付的那部分养老金。这两部分养老金的计发方法分别是：基本养老金 = 统筹养老金 + 个人账户养老金。其中基础养老金 = （全省上年度在岗职工月平均工资 + 本人指数化月平均缴费工资）/2 * 缴费年限 * 1% = 全省上年度在岗职工月平均工资（1 + 本人平均缴费指数）/2 * 缴费年限 * 1%。本人平均缴费工资指数 = （a1/A1 + a2/A2 + …… + an/An）/N。公式中，a1、a2……an 为参保人员退休前 1 年、2

年……n 年本人缴费工资额；A1、A2 ……An 为参保人员退休前 1
年、2 年……n 年当地职工平均工资；N 为企业和职工实际缴纳基
本养老保险费的年限；个人账户养老金 = 个人账户全部储存额/计
发月数。例如：上海一名男职工，2010 年其 60 岁退休，上海上年
度在岗职工月平均工资为 3566 元。累计缴费年限为 15 年时，个人
账户中有 50000 元，本人平均缴费指数为 0.6。那么，他的基础养
老金 = （3566 元 + 3566 元 * 0.6）/2 * 15 * 1% = 427.92 元。他的
个人账户养老金 = 50000 元/139 = 359.71 元；上列两项合并，他
的月基本养老金为 427.92 元 + 359.71 元 = 787.63 元。

3. 新农保基金由个人缴费、集体补助、政府补贴构成。

（1）个人缴费。参加新农保的农村居民应当按规定缴纳养老
保险费。缴费标准目前设为每年 100 元、200 元、300 元、400 元、
500 元 5 个档次，地方可以根据实际情况增设缴费档次。参保人自
主选择档次缴费，多缴多得。国家依据农村居民人均纯收入增长
等情况适时调整缴费档次。

（2）集体补助。有条件的村集体应当对参保人缴费给予补助，
补助标准由村民委员会召开村民会议民主确定。鼓励其他经济组
织、社会公益组织、个人为参保人缴费提供资助。

（3）政府补贴。政府对符合领取条件的参保人全额支付新农
保基础养老金，其中中央财政对中西部地区按中央确定的基础养
老金标准给予全额补助，对东部地区给予 50% 的补助。地方政府
应当对参保人缴费给予补贴，补贴标准不低于每人每年 30 元；对
选择较高档次标准缴费的，可给予适当鼓励，具体标准和办法由
省（区、市）人民政府确定。对农村重度残疾人等缴费困难群体，
地方政府为其代缴部分或全部最低标准的养老保险费。

4. 国家为每个新农保参保人建立终身记录的养老保险个人账
户。个人缴费，集体补助及其他经济组织、社会公益组织、个人

对参保人缴费的资助，地方政府对参保人的缴费补贴，全部记入个人账户。个人账户储存额目前每年参考中国人民银行公布的金融机构人民币一年期存款利率计息。

养老金待遇由基础养老金和个人账户养老金组成，支付终身。中央确定的基础养老金标准为每人每月 55 元。地方政府可以根据实际情况提高基础养老金标准，对于长期缴费的农村居民，可适当加发基础养老金，提高和加发部分的资金由地方政府支出。个人账户养老金的月计发标准为个人账户全部储存额除以 139 （与现行城镇职工基本养老保险个人账户养老金计发系数相同）。参保人死亡，个人账户中的资金余额，除政府补贴外，可以依法继承；政府补贴余额用于继续支付其他参保人的养老金。

养老金待遇领取条件：年满 60 周岁、未享受城镇职工基本养老保险待遇的农村有户籍的老年人，可以按月领取养老金。新农保制度实施时，已年满 60 周岁、未享受城镇职工基本养老保险待遇的，不用缴费，可以按月领取基础养老金，但其符合参保条件的子女应当参保缴费；距领取年龄不足 15 年的，应按年缴费，也允许补缴，累计缴费不超过 15 年；距领取年龄超过 15 年的，应按年缴费，累计缴费不少于 15 年。要引导中青年农民积极参保、长期缴费，长缴多得。具体办法由省（区、市）人民政府规定。国家根据经济发展和物价变动等情况，适时调整全国新农保基础养老金的最低标准。

5. 在基金管理上，建立健全新农保基金财务会计制度。新农保基金纳入社会保障基金财政专户，实行收支两条线管理，单独记账、核算，按有关规定实现保值增值。试点阶段，新农保基金暂实行县级管理，随着试点扩大和推开，逐步提高管理层次；有条件的地方也可直接实行省级管理。

在基金监督方面，各级人力资源社会保障部门要切实履行新农保基金的监管职责，制定完善新农保各项业务管理规章制度，规范业务程序，建立健全内控制度和基金稽核制度，对基金的筹集、上缴、划拨、发放进行监控和定期检查，并定期披露新农保基金筹集和支付信息，做到公开透明，加强社会监督。财政、监察、审计部门按各自职责实施监督，严禁挤占挪用，确保基金安全。试点地区新农保经办机构和村民委员会每年在行政村范围内对村内参保人缴费和待遇领取资格进行公示，接受群众监督。

开展新农保试点的地区，要认真记录农村居民参保缴费和领取待遇情况，建立参保档案，长期妥善保存；建立全国统一的新农保信息管理系统，纳入社会保障信息管理系统（"金保工程"）建设，并与其他公民信息管理系统实现信息资源共享；要大力推行社会保障卡，方便参保人持卡缴费、领取待遇和查询本人参保信息。试点地区要按照精简效能原则，整合现有农村社会服务资源，加强新农保经办能力建设，运用现代管理方式和政府购买服务方式，降低行政成本，提高工作效率。新农保工作经费纳入同级财政预算，不得从新农保基金中开支。

新农保与老农保制度的衔接。原来已开展以个人缴费为主、完全个人账户农村社会养老保险（以下称老农保）的地区，要在妥善处理老农保基金债权问题的基础上，做好与新农保制度衔接。在新农保试点地区，凡已参加了老农保、年满60周岁且已领取老农保养老金的参保人，可直接享受新农保基础养老金；对已参加老农保、未满60周岁且没有领取养老金的参保人，应将老农保个人账户资金并入新农保个人账户，按新农保的缴费标准继续缴费，待符合规定条件时享受相应待遇。

新农保与城镇职工基本养老保险等其他养老保险制度的衔接办法，由人力资源和社会保障部会同财政部制定。要妥善做好新农保制度与被征地农民社会保障、水库移民后期扶持政策、农村计划生育家庭奖励扶助政策、农村五保供养、社会优抚、农村最低生活保障制度等政策制度的配套衔接工作,具体办法由人力资源和社会保障部、财政部会同有关部门研究制订。

在实践中,具体的新农保的制度设计应该注意以下的事项:

(1)建立农村社会养老保险,归根结底是"钱"的问题,资金短缺成为农村养老保险的瓶颈。所以要好好规划养老保险基金的筹集与运作。

第一,资金的筹集渠道。基金的筹集现阶段坚持个人缴纳为主,集体补助为辅,国家给予财政与政策支持。个人缴纳是主要部分。现在农民的经济收入不宽裕,要保证每次资金的缴纳,必须提高农民的供款能力。一部分农民的收入呈现多样化的趋势,比如进城打工,增加收入;自主成立合作经济组织等。合作经济组织正要逐步成为农村经济生活中富有生命力的主体,农民增收创业的新起点,农村经济发展新的增长点,农村经营体制的创新点。如果个人的经济确实存在困难,农村信用社可以贷款给这些农民来提高投保能力,从而落实个人缴纳的部分。国家给予政策支持主要针对乡镇企业,集体提供的补助部分可以税前列支;其次国家可以从财政中拨款,给予农村一定的补偿;另外,还可以发行农村养老保险特种国债。但是城镇社会养老保险中存在的"隐性债务"问题也需要解决,所以,国家的支持更多表现为政策支持。

第二,缴纳养老保险金时的灵活掌握。考虑到农村家庭收入的不平衡性,保险费缴纳标准实行高中低多档次。由于农民收入的灵活性多样性,很难进行考核和计量,而且农民收入是以年为时间单位的,要到年底才进行结算,档次的划分不与农民的个人收入挂钩,而是以农民的人均年纯收入为基数,并根据其变化加以调整,以保证养老保险费用分担的均衡和养老金的保障能力。

第三，基金的运行与保值增值。现在农民的投保积极性不是很高，提高农村养老保险基金的保值增值能力可以说是吸引农民参加养老保险的一个重要途径。现在农村养老保险基金以县为单位统一管理和运营的现实，不仅形成了过度分散管理带来的不合理管理费用和基金被挤占挪用的风险，而且投资形式单一，只是储蓄的形式，但是现在国家为了拉动内需，不断下调利率，利率已经低于物价的上涨指数，实际上基金得不到增值反而是贬值，最终使养老保险基金"缩水"。基金由地市级统一管理，建立合理的保险基金运行机制，应该是更为合理的安排。

（2）明确农村社会养老保险体系的建构各主体责任。国家的经济政策，随着农村养老保险资金筹集的社会化，适应于现阶段的农村社会养老保险资金责任分担机制逐渐开始形成：主要是个人的积累账户，由集体和国家补助的部分构成统筹基金，统一进行地市级统筹。

第一，国家的责任。国家在农村养老社会保险体系建构中必须担负的责任有三：一是政策责任，政府的重视与支持是建立该项制度的根本前提；二是财政责任，该项制度是社会经济发展过程中保证每一个农民基本生存的必然举措，政府有义务根据国家财政和社会经济发展水平来推动其实行；三是法律责任，对农村养老保险进行立法，就是要通过法律规范和调整农村养老保险关系。加强这项立法工作非常重要，对农村整个社会保障体系的建立和完善都具有促进作用。

第二，集体经济组织对于农村的养老保险也应该负责。农民先前的劳动大部分都积累到了集体财产中。现在集体经济组织在经济发展水平不同的地方表现形式不同。经济还不是很发达的地区仍然是传统的土地集体经济组织，在集体经济基础比较雄厚的地区，农村集体经济组织投资设立的乡镇企业比较多。

第三，个人从自己收入中拿出一定的比例积累个人账户，以备养老。

6. 现实生活中，个人社会养老金查询方法有以下几种：①可以持本人身份证到当地社保局服务大厅打印缴费清单查询；②可打当地社保局咨询电话查询个人养老保险金缴费情况；③可以进入当地社保局网站查询个人养老保险金缴费情况。

7. 养老保险金领取条件：参加基本养老保险的个人，达到法定退休年龄时累计缴费满 15 年的，就可以按月领取基本养老金。也就是说，参加养老保险的职工要领取养老金必须符合两个条件：一是达到法定退休年龄；二是累积缴纳养老保险费满 15 年。所谓法定退休年龄，就是指职工退出工作岗位并有资格领取养老金的年龄。按照相关规定，我国法定的企业职工退休年龄是：男年满 60 周岁，女工人年满 50 周岁，女干部年满 55 周岁。从事井下、高空、高温、特别繁重体力劳动或其他有害身体健康工作（以下称特殊工种）的，退休年龄为男年满 55 周岁、女年满 45 周岁；因病或非因工致残，由医院证明并经劳动鉴定委员会确认完全丧失劳动能力的，退休年龄为男年满 55 周岁、女年满 45 周岁。

法 津依据

民政部《县级农村社会养老保险基本方案（试行）》

一、指导思想和基本原则

农村社会养老保险是国家保障全体农民老年基本生活的制度，是政府的一项重要社会政策。建立农村社会养老保险制度，要从我国农村的实际出发，以保障老年人基本生活为目的；坚持资金个人交纳为主，集体补助为辅，国家予以政策扶持；坚持自助为主、互济为辅；坚持社会养老保险与家庭养老相结合；坚持农村务农、务工、经商等各类人员社会养老保险制度一体化的方向。

由点到面，逐步发展。

二、保险对象及交纳、领取保险费的年龄

1. 保险对象：市城镇户口、不由国家供应商品粮的农村人口。一般以村为单位确认（包括村办企业职工、私营企业、个体户、外出人员等），组织投保。乡镇企业职工、民办教师、乡镇招聘干部、职工等，可以以乡镇或企业为单位确认，组织投保。少数乡镇因经济或地域等原因，也可以先搞乡镇企业职工的养老保险。外来劳务人员，原则上在其户口所在地参加养老保险。

2. 交纳保险年龄不分性别、职业为 20 周岁至 60 周岁。领取养老保险金的年龄一般在 60 周岁以后。

三、保险资金的筹集

资金筹集坚持以个人交纳为主，集体补助为辅，国家给予政策扶持的原则。个人交纳要占一定比例；集体补助主要从乡镇企业利润和集体积累中支付；国家予以政策扶持，主要是通过对乡镇企业支付集体补助予以税前列支体现。

1. 在以个人交纳为主的基础上，集体可根据其经济状况予以适当补助（含国家让利部分）。具体方法，可由县或乡（镇）、村、企业制定。

2. 个人的交费和集体的补助（含国家让利），分别记账在个人名下。

3. 同一投保单位，投保对象平等享受集体补助。

按计划生育有关政策，在没有实行独生子女补助的地区，独生子女父母参加养老保险，集体补助可高于其他对象。具体办法由地方政府制定。

4. 乡镇企业职工的个人交费、企业补助分别记账在个人名下，建立职工个人账户，企业补助的比例，可同地方或企业根据情况决定。企业对职工及其他人员的集体补助，应予按工资总额的一定比例税前列支。具体办法由地方政府制定。

四、交费标准、支付及变动

1. 多档次，月交费标准设 2、4、6、8、10、12、14、16、18、20 元十个档次，供不同的地区以及乡镇、村、企业和投保人选择。各业人员的交费档次可以有所区别。交费标准范围的选择以及按月交费还是按年交费，均由县（市）政府决定。

2. 养老保险费可以补交和预交。个人补交或预交保险费，集体可视情况决定是否给予补助。补交后，总交费年数不得超过四十年。预交年数一般不超过三年。

3. 个人或集体根据收入的提高或下降，经社会养老保险管理部门批准，可按规定调整交纳档次。

4. 当遇到各种自然灾害或其他原因，个人或集体无能力交纳养老保险金，经社会养老保险管理部门批准，在规定的时间内可暂时停交保费。恢复交费后，对于停交期的保费，有条件也可以自愿补齐。服刑者停交保险费，刑满回原籍者，原保险关系可以恢复，继续投保。

5. 投保人在交费期间身亡者，个人交纳全部本息，退给其法定继承人或指定受益人。

6. 领取养老金从 60 周岁以后开始，根据交费的标准、年限，确定支付标准（具体标准，另行下发）。调整交费标准或中断交费者，其领取养老金标准，需待交费终止时，将各档次，各时期积累的保险金额合并，重新计算。

投保人领取养老金，保证期为十年。领取养老金不足十年身亡者，保证期内的养老金余额可以继承。无继承人或指定受益人者，按农村社会养老保险管理机构的有关规定支付丧葬费用。

领取养老金超过 10 年的长寿者，支付养老金直至身亡为止。

7. 投保对象从本县（市）迁往外地，若迁入地已建立农村社会养老保险制度，需将其保险关系（含资金）转入迁入地农村社会养老保险管理机构。若迁入地尚未建立养老保险制度，可将其个人交纳全部本息退发本人。

8. 投保人招工、提干、考学等农转非，可将保险关系（含资金）转入新的保险轨道，或将个人交纳全部本息退还本人。

39 被判过刑的农村孤寡老人是否享有选举权与被选举权？

典型事例

老王是前进村的一位孤寡老人，20 年前，因为过失犯罪，被依法判处有期徒刑 1 年，缓期执行 2 年，为此妻子与老王离婚。今年，前进村举行村委会换届选举。由于老王平时带着大家致富，很多人选举老王为村主任的候选人，并且最后老王成功当选为村主任。但是事后有人主张老王是犯过罪的人，不能行使选举权，选举结果是无效的，老王很是迷惑，不知如何是好。

法律分析

选举权和被选举权是公民的基本政治权利之一，是公民选举国家代表机关的代表与其他公职人员的权利。被选举权则是公民被选任为国家代表机关的代表或其他公职人员的权利。选举权和被选举权通常由一国宪法、法律规定并受到保护。

1. 村民享有选举权和被选举权的前提是具有选举资格。村民选举资格是指村民具备什么条件可以享有选举权和被选举权。这里的选举权是指村民依照《村民委员会组织法》的规定可以参加村民委员会投票选举的权利；被选举权是指村民可以被依法提名为村民委员会候选人，被选为村民委员会成员的权利。村民具备

以下几个条件就享有选举权和被选举权:

(1) 依法具有中华人民共和国国籍,属于本村村民。选民资格问题是近年来村民委员会选举实践中争议比较多的一个问题,特别是随着国家户籍制度的改革和人口流动的日益增多,选民资格的问题更加复杂,各地实践中有不同做法,法律修订中也存在一些不同意见。对于本村村民的界定,法律没有明确规定。通常认为,居住生活在本村、户口在本村的村民,属于本村村民,应当纳入选民登记。随着经济社会的发展,流动人口的增加,人户分离的现象越来越多。有的村民长期在外工作、生活,但户籍还在原居住地的村,为了保障他们的选举权,只要其本人表示参加选举的,在进行选民登记的时候,也应当将其列入参加选举的村民名单。也有一些人虽然户籍不在本村,但长期在本村居住生活,只要其在本村居住超过一年,本人如果提出参加选举的申请,并且经村民会议或者村民代表会议同意参加选举的,也应当进行选民登记、将其列入选民名单。但是为了避免重复参加选举、保证选举权的平等性,法律同时规定,已在户籍所在村或者居住村登记参加选举的村民,不得再参加其他地方村民委员会的选举。

(2) 到选举日为止年满十八周岁。为什么年满十八周岁的人才享有选举权利呢?因为选举权与被选举权是村民参与自治的一项基本权利,需要有一定的社会经验和参与社会生活的能力。从自然与社会的角度看,年满十八周岁,公民的生理与心理发育趋于成熟,具有完全的行为能力,能够就是非、善恶、美丑、好坏作出判断,可以独立进行民事活动,是完全行为能力人。规定年满十八周岁的村民有选举权和被选举权符合我国农村实际。

(3) 享有政治权利,即未被剥夺政治权利。选举权利是一项神圣的权利,是公民参与国家和社会生活管理的重要形式。被剥夺政治权利的人通常包括危害国家安全的罪犯、被判处死刑、无期徒刑的罪犯及其他严重破坏社会秩序的犯罪分子，这些人对国家、社会和人民构成了极大危害，有些甚至以推翻人民民主专政政权和社会主义制度为目的，允许这些人参与国家和社会生活的管理是不符合社会主义法制原则的，同时也是违反广大人民群众意愿的。因此，被剥夺政治权利的人不享有选举权和被选举权。

村民具备上述三个条件就享有选举权和被选举权，不论他是哪个民族，是男是女，信仰什么宗教，教育程度和经济状况如何。也就是说，村民的选举权不因村民天生差别和后天经济、教育等条件造成的差异而受到影响。这对于每个公民来说体现了选举权的平等性，而对社会来说体现了选举的普遍性。

2. 有选举权和被选举权的村民，经村民选举委员会登记确认，列入选民名单，由村民选举委员会在选举日的 20 日以前公布。选民名单的合法公布主体是村民选举委员会，只有这一机构才有权正式公布选民名单；选民名单的公布程序有着严格的时限要求，即必须在选举日的 20 日以前公布；选民名单的公布形式主要是张榜公布，也可以辅以其他方式。公布选民名单具有重要意义。本村谁有资格参加村民委员会成员的选举，谁没有资格，通过选民名单可以得到公开确认。规定选民名单应在选举日的 20 日以前公布，一是为了使村民有充分的时间酝酿、讨论村民委员会成员的候选人；二是对于有意想要成为村民委员会成员候选人的村民来说，有时间向村民介绍自己；三是便于处理对选民名单的不同意见；四是有利于接受村民监督，对于错漏之处可以及时改正。

3. 选民名单直接关系到村民的选举权和被选举权，意义重大，因此，既不能出现差错、张冠李戴，也不能有所遗漏，而必须准确无误，以保障有选举权的村民权利不受侵犯。如果选民名单把本来享有选举权的村民遗漏，就会使有选举资格的村民丧失选举权，如果把没有选举资格（如不满十八周岁的公民、被剥夺了政治权利的人等）的人列入名单，就会使他们获得选举资格。因此，凡是对登记参加选举的选民名单有异议的，都有权依照法定程序向村民选举委员会提出申诉，要求村民选举委员会进行解释并作出处理，这是对村民选举权利的重要保障。提出选民名单异议的主体，既可以是选民名单涉及的村民本人，也可以是认为选民名单有错误的其他任何村民，只要其认为选民名单可能存在错误或有其他异议，都可以依法提起申诉。提起选民名单异议的申诉要遵循严格的程序要求，应当自选民名单公布之日起5日内向村民选举委员会提起，由后者进行处理。村民选举委员会收到申诉之后，应当及时进行调查，并在收到申诉之日起3日内作出处理决定，以免耽误选举；村民选举委员会还应当将处理结果予以公布，以便接受村民监督。村民选举委员会可以根据调查结果在选举名单中增补有选举资格的村民或剔除无选举资格的村民，以确保选举活动依法进行。

4. 同时，现实生活中，需要注意"村民选举权"和"公民选举权"的区别："村民"是一定社区内的居民相对于社区团体而言的，"公民"是个人相对于国家而言的，两种称谓是农村居民所具有的相对于不同法律关系中的两重身份。当农村村民以其村民身份选举村委会时，我们称这种选举权为"村民选举权"；当农村村民以其普通公民身份选举人大代表和国家机关公职人员时，我们称这种选举权为"公民选举权"，即通常人们所说的狭义选举权。

（1）适用法律不同。在我国目前的法律体系中，并无一部全国统一的村民委员会选举法，《村民委员会组织法》只用了一章十个条款对村委会选举作了规定，有关村委会选举的法律规范极不完备。村民选举权更多的是适用大量的地方法规。与此相反，公民选举权适用的法律规范要完备得多，既有单行的统一的《全国人民代表大会和地方各级人民代表大会选举法》，又有大量的地方性选举法规，其法律制度资源之丰富为前者所无法比拟。

（2）享有主体不同。村民选举权的权利主体仅限于农村中实行村民自治的地方的具有村民资格并依法经村民选举委员会确认的村民，其权利主体具有强烈的属地色彩。我国公民选举权的权利主体范围则极为广泛，凡年满18周岁，未被剥夺政治权利的中华人民共和国公民均可成为其权利主体，其民族、种族、性别、职业、家庭出身、宗教信仰、教育程度、财产状况和居住期限等在所不问。

（3）权利内容不同。村民选举权是村民享有的自治权的一种，是宪法所赋予的行使管理社会事务的权利。它是一种民主政治权利，目的在于使村民依法选举村委会，实现村民的自我管理、自我教育、自我服务。公民选举权不是一种自治权，而是宪法规定的人民参加管理国家事务、选举产生代议机关代表和国家机关公职人员的最基本权利。

（4）行使方式不同。我国农村实行村委会的直接选举，村民直接通过投票选举产生村委会成员，其选举权是通过直接方式实现的。但公民选举权的实现则既有直接方式又有间接方式，即县级及其以下人民代表通过直接选举方式产生，县级及其以上人民代表通过间接选举方式产生；我国目前还没有实现国家元首的直接选举，国家公职人员基本上是通过间接选举方式产生的，尽管有地区已经开始了乡镇长的直接选举，但仍处于试验阶段。

（5）权利救济方式不同。"有权利，必有救济"这一古老法谚仍是现代法理学的一大原则。对村民选举权的救济方式，《村民委员会组织法》的规定非常简单，仅在第17条中规定在遇有以威胁、贿赂、伪造选票等不正当手段妨碍村民行使选举权，破坏村委会选举时，村民有权向乡、民族乡、镇的人民代表大会和人民政府或者县级人民代表大会常务委员会和人民政府及其有关主管部门举报，由有关机关负责调查处理。一些地方法规则进一步规定了特定情形下的刑事诉讼救济方式，但这些规定并不多见，且极不完善。我国法律对公民选举权救济方式的规定要完备得多，不仅有刑事诉讼方式，而且有民事诉讼方式如选民资格案件等。

5. 根据《村民委员会组织法》的规定，选举村委会成员，遵循"双过半"的原则，即有选举权的村民过半数投票，选举有效；候选人获得参加投票的村民过半数的选票，始得当选。根据这一规定，从理论上说，只要候选人获得全体有选举权的村民的1/4以上的选票，即可当选。如果经过投票选举，获得过半数选票的候选人不足应选名额，则需进行另行选举。应当注意的是，另行选举中，候选人获得的选票，仍应超过参加投票的村民的过半数选票，始得当选。村委会选举应采取无记名投票的方式，而不能采取其他方式，如举手表决的方式，以保证村民充分行使选举的权利。村民在填写选票时，可作出四种选择：一是可以投赞成票，但赞成的人数不能超过应选名额，否则无效；二是可以投反对票，选举人对选票上所列候选人可以部分反对，也可以全部反对；三是可以另选他人，选举人可以对全部候选人不同意而另选他人，也可以对部分候选人不同意而另选他人；四是可以弃权，选举人可以对全部候选人弃权，也可以对部分候选人弃权。投票结束后，应当进行公开计票。所谓公开计票，也就是计票的过程应是公开的，而不是秘密的。计票时应当设有由村民推选的监票人和计票人。

6. 选举结果应当当场公布。由于村委会的选举范围不大，选举时一般要召开选举大会，为保证选举的公开性，选举结果应当当场公布。这一规定，一方面可以保证村民对选举进行监督，防止有人在会后擅自更改选举结果；另一方面，如果需要另行选举，也可以当场进行，以便节省时间。选举时，设立秘密写票处。这一规定，主要是由于选举村委会成员时，村民之间都比较熟悉，如果不设立秘密写票处，在其他村民在场的情况下，有些村民可能碍于情面或其他原因，不能在选票上写上真正想选的人，从而妨碍其行使选举权。因此，在选举时，设立秘密写票处是必要的。秘密写票处的地点没有什么过多的条件限制，只要能方便村民秘密填写选票即可，因此设立秘密写票处在村委会选举时是完全能够做到的。

法律依据

《中华人民共和国宪法》

第34条："中华人民共和国年满十八周岁的公民，不分民族、种族、性别、职业、家庭出身、宗教信仰、教育程度、财产状况、居住期限，都有选举权和被选举权；但是依照法律被剥夺政治权利的人除外。"

《中华人民共和国村民委员会组织法》

第13条第1款："年满十八周岁的村民，不分民族、种族、性别、职业、家庭出身、宗教信仰、教育程度、财产状况、居住期限，都有选举权和被选举权；但是，依照法律被剥夺政治权利的人除外。"

第14条："登记参加选举的村民名单应当在选举日的二十日前由村民选举委员会公布。

对登记参加选举的村民名单有异议的，应当自名单公布之日起五日内向村民选举委员会申诉，村民选举委员会应当自收到申诉之日起三日内作出处理，并公布处理结果。"

第15条："选举村民委员会，由登记参加选举的村民直接提名候选人。村民提名候选人，应当从全体村民利益出发，推荐奉公守法、品行良好、公道正派、热心公益、具有一定文化水平和工作能力的村民为候选人。候选人的名额应当多于应选名额。村民选举委员会应当组织候选人与村民见面，由候选人介绍履行职责的设想，回答村民提出的问题。

选举村民委员会，有登记参加选举的村民过半数投票，选举有效；候选人获得参加投票的村民过半数的选票，始得当选。当选人数不足应选名额的，不足的名额另行选举。另行选举的，第一次投票未当选的人员得票多的为候选人，候选人以得票多的当选，但是所得票数不得少于已投选票总数的三分之一。

选举实行无记名投票、公开计票的方法，选举结果应当当场公布。选举时，应当设立秘密写票处。

登记参加选举的村民，选举期间外出不能参加投票的，可以书面委托本村有选举权的近亲属代为投票。村民选举委员会应当公布委托人和受委托人的名单。

具体选举办法由省、自治区、直辖市的人民代表大会常务委员会规定。"

40 孤寡老人谎报年龄投保，可能承担什么后果？

典型事例

老王是一位农村的孤寡老人，由于生活无着落，无依无靠，2012年投保了人身保险，由于其真实年龄不符合合同约定的年龄限制，于是谎报了自己的实际年龄。保险公司发现后与老王解除了保险合同，老王很是尴尬，不知道改个实际年龄竟然能惹出这种事。

法律分析

1. 人身保险合同是以人的寿命或身体为保险标的的保险合同，是投保人与保险人约定当被保险人发生死亡、伤残、疾病或生存到约定的年龄、期限时保险人根据约定承担给付保险金责任的协议。人身保险合同分为以下种类：

（1）人寿保险合同。人寿保险合同是以被保险人的死亡或生存为保险事故的人身保险合同。人寿保险的基本内容是投保人向保险人缴纳保险费，当被保险人在保险期限内死亡或生存到一定的年龄时，保险人向被保险人或其受益人给付保险金。人寿保险是人身保险中最基本、最主要的种类。

（2）人身意外伤害保险合同。以被保险人因遭受意外伤害造成死亡或残疾为基本保险责任，可附加被保险人因遭受意外伤害需要医疗或收入损失的保险责任。

（3）健康保险合同。以被保险人因疾病需要医疗或造成残疾或收入损失等为保险责任的人身保险合同。

2. 《保险法》对投保人不如实申报被保险人年龄的法律后果有明确的规定。《保险法》在保险合同的一般规定中要求订立保险合同的双方当事人履行如实告知义务，并对投保人不履行如实告知义务的法律后果作了一般规定。《保险法》第32条是针对人身保险合同的特点作出的特别规定。保险公司根据人身保险的特点，按照概率计算，确定了承保年龄的最高上限，对超过这一年限的，不予承保。同时，保险公司要以被保险人的年龄为参照值，根据生命表等计算出死亡概率，确定被保险人在不同年龄段投保时应缴纳的保险费的费率。因此，人身保险合同中被保险人的年龄对保险人决定是否承保、确定保险费率的高低都有重大影响。

（1）投保人申报的被保险人的年龄不真实，并且其真实年龄不符合合同约定的年龄限制，在合同成立后二年内被发现的，保险人可以解除合同，并在扣除手续费后，向投保人退还保险费。本事例中，由于老王事先违反了投保的如实告知义务，保险公司最终与老王解除了保险合同是符合法律规定的，是保险公司行使自己权利的体现。

（2）投保人申报的被保险人的年龄不真实，并且其真实年龄不符合合同约定的年龄限制，但合同成立已超过二年的，保险人不得解除合同。

（3）投保人申报的被保险人的年龄不真实，致使投保人支付的保险费少于应付保险费的，保险人有权更正并要求投保人补交保险费，或者在给付保险金时按照实付保险费与应付保险费的比例支付。这种情况一般是指投保人申报的被保险人年龄比被保险人的真实年龄要小。

（4）投保人申报的被保险人的年龄不真实，致使投保人实付保险费多于应付保险费的，保险人应当将多收的保险费退还投保人。这种情况一般是指投保人申报的被保险人年龄比被保险人的真实年龄要大。《保险法》针对上述情况作出的规定，兼顾了保险人、被保险人双方的利益。

法律依据

《中华人民共和国保险法》

第32条："投保人申报的被保险人年龄不真实，并且其真实年龄不符合合同约定的年龄限制的，保险人可以解除合同，并按照合同约定退还保险单的现金价值。保险人行使合同解除权，适用本法第十六条第三款、第六款的规定。

投保人申报的被保险人年龄不真实，致使投保人支付的保险费少于应付保险费的，保险人有权更正并要求投保人补交保险费，或者在给付保险金时按照实付保险费与应付保险费的比例支付。

投保人申报的被保险人年龄不真实，致使投保人支付的保险费多于应付保险费的，保险人应当将多收的保险费退还投保人。"

附：保险合同范本

第一条　本保险合同（以下简称本合同）由保险单及本合同所载条款、声明、批注，以及和本合同有关的投保单、复效申请书、健康声明书、体检报告书及其他约定书共同构成。

保险责任的开始及交付保险费

第二条　中保人寿保险有限公司＿＿＿＿＿＿分公司（以下简称本公司）对本保险单应负的责任，自投保人交付第一期保险费且本公司同意承保而签发保险单时开始。除另有约定外，保险单签发日即为本合同的生效日，生效日每年的对应日为生效对应日。

本公司收取第一期保险费且同意承保时，应发给保险单作为承保的凭证。

第二期及第二期以后保险费的交付，宽限期间及合同效力的中止

第三条　第二期及第二期以后的分期保险费，应依照本保险单所载交付方法及日期，向本公司交付并索取凭证妥为保存。如本公司派员前往收取时，应向该收费员交付并索取凭证妥为保存。第二期及第二期以后的分期保险费到期未交付时，自保险单所载交付日期的次日起60日为宽限期间；逾宽限期间仍未交付的，本合同自宽限期间终了的次日起效力中止。如宽限期间内发生保险事故，本公司仍负保险责任，但应从给付保险金中扣除欠交保险费的利息。

保险费

第四条　保险费交付方式分为一次性交付、按年交付、按半年交付、按月交付。按年交付保险费的交付期限为生效日每年的对应日所在月的1号至月底；按半年交付保险费的交付期限为生效日每半年对应日所在月的1号至月底；按月交付保险费的交付期限为每月的1号至月底。投保人可选择其中一种为本合同的保险费交付方式。

第五条 本合同的保险费交付期间分为趸交、10 年交、20 年交。投保人可选择其中一种为本合同的保险费交付期间。

合同效力的恢复

第六条 本合同效力中止后,投保人可在效力中止日起 2 年内,填妥复效申请书及被保险人健康声明书申请复效。

前项复效申请,经本公司同意并交清欠交的保险费及利息后,自次日起,本合同效力恢复。

保险责任

第七条 在本合同有效期内,本公司负下列保险责任:

1. 每年在生效对应日按保险单列明的保险金额的 5% 增加保险金额。

2. 自本合同生效之日起,被保险人生存至每满 3 周年生效对应日,本公司按保险单列明的保险金额的 10% 给付生存保险金。

3. 自本合同生效或复效之日起第一年度内,被保险人因疾病或意外伤害以致身故,本公司按保险单列明的保险金额给付,本合同即行终止;第二年度及第二年度以后被保险人因疾病或意外伤害以致身故,本公司按增加后的保险金额给付,本合同终止。

4. 自本合同生效或复效之日起第一年度内,被保险人因疾病或意外伤害以致身体高度残疾,本公司按保险单列明的保险金额给付,合同即行终止;第二年度及第二年度以后被保险人因疾病或意外伤害以致身体高度残疾,本公司按增加后的保险金额给付,合同即行终止。

41 农村孤寡老人能否得到医疗救助?

典型事例

老王是一位孤寡老人,由于没人照顾,加上年龄越来越大,身体状况越来越差,用于医药费的费用越来越多,导致其生活困难。村委会知道后,向老王讲解了国家的医疗救助政策,并且帮助老王申请了国家的医疗救助。老王的生活有了好转。

法律分析

医疗救助是指国家和社会针对那些因为贫困而没有经济能力进行治病的公民实施的专门的帮助和支持,它通常是在政府有关部门的主导下,社会广泛参与,通过医疗机构针对贫困人口的患病者实施的恢复其健康、维持其基本生存能力的救治行为。

1. 医疗救助的特点在于:①由于救助对象是贫困或优抚者之中的疾病患者,即贫病交加者,所以很容易得到社会尤其是慈善者的捐助;②由于救助对象是病人,救助途径必经医疗机构,故医疗机构的医术、服务、价格等因素会直接影响医疗救助资金的使用及救助效果等。医疗救助在我国现阶段具有不可替代的作用,因为我国还没有覆盖全民的医疗保险制度,农村人口的医疗费用基本靠农民自己支付,即使参加合作医疗制度也往往只能解决部分医疗费用的支付。因此,农民因病致贫、因病返贫的现象十分严重。城镇的情况与此类似,虽然有职工基本医疗保险制度,但该制度有最高支付限额,而且并非所有的城镇职工均参加了保险。所以,无论是在城市还是在农村,医疗救助都是社会救助中非常重要的一项内容。

2. 医疗救助标准不同分类也存在差异：

（1）按救助病种，可以分为以下三类：①门诊救助：主要针对一般疾病，具有救助人次多、次均补偿水平较低的特点，一般采取发放医疗救助卡或政策减免等形式进行救助。②住院救助：主要针对重大疾病。由于住院疾病病情比较复杂，病程较长，次均费用较高，住院救助对救助对象的补偿水平较门诊救助高，因此住院救助是目前医疗救助试点探索中普遍采用的形式。民政部最低生活保障司《2006 年城市医疗救助试点工作年度报告》中指出：既开展门诊救助又开展住院救助的试点县（市、区）数只占试点地区总数的 65.8%，而只开展住院救助（或大病救助）的占到 33.9%（其中西部占 76.8%）。③综合救助：门诊救助和住院救助覆盖病种有限，单独采用都不能很好地解决贫困人群医疗可及性的问题，综合救助模式成为我国医疗救助模式的发展方向。此外，对一些重大疾病，如精神病、各类传染病（如艾滋病、血吸虫病、结核病等），通过建立专项救助资金实施救助，也成为综合救助模式中的重要组成部分。

（2）按救助形式，可以分为直接救助和间接救助。直接救助是针对受助人群，通过发放现金、派发医疗救助卡、政策减免等方式使其能享受基本医疗服务。但是其中的发放现金难以保证救助资金的使用方向，可能导致资金使用效率的低下，同时对救助对象也缺乏有效的费用约束。间接救助则是医疗救助部门通过与医疗服务机构核算，将救助资金拨付给医疗机构，由医疗机构为受助人员提供服务的形式。目前很多国家都采取政府直接向医疗机构给付救助资金，形成"第三方付费"模式，这种模式的给付也分为预付和后付，各国都在积极探索中。

（3）按救助对象，我国目前主要有城市医疗救助对象和农村医疗救助对象。根据民政部、卫生部、劳动保障部和财政部 2005

年颁布的《关于建立城市医疗救助制度试点工作的意见》，城市医疗救助对象主要是城市居民最低生活保障对象中未参加城镇职工基本医疗保险的人员、已参加城镇职工基本医疗保险但个人负担仍然较重的人员和其他特殊困难群众。根据民政部、卫生部和财政部2003年联合下发的《关于实施农村医疗救助的意见》，农村医疗救助对象为农村五保户、农村贫困家庭成员和地方政府规定的其他符合条件的农村贫困农民。在各地的试点实践中，逐步增加了以上两个意见以外的其他救助对象，如低收入老年人、流动人口中的孕妇、精神病患者等。

3.2014年的医疗救助的救助标准。

（1）住院救助。医疗救助对象在一个自然年度内发生的符合医疗保险报销范围的住院医疗费用，按下列标准给予救助：①农村五保和城镇"三无"对象，其住院医疗费用在扣除各类医疗补助、医疗报销、经济赔偿后，剩余部分在40000元限额内予以全额救助；②城乡最低生活保障对象，2014年按65%比例予以救助，当年累计不超过40000元；③经区级民政部门认定的当年给予医疗救助的低保边缘困难对象，其住院医疗费用在扣除各类医疗补助、医疗报销、经济赔偿后，2014年按45%的比例予以救助，以上当年累计不超过40000元。上述救助对象因患尿毒症、乳腺癌、宫颈癌、重性精神疾病、耐多药肺结核、艾滋病机会性感染、肺癌、食道癌、胃癌、结肠癌、直肠癌、慢性粒细胞白血病、急性心肌梗死、脑梗死、Ⅰ型糖尿病等（以上疾病简称重特大疾病），病情严重，治疗费用大且会在较长一段时间内造成患者及其家庭的生活困难，持市区特殊（慢性）病种门诊专用病历和医院诊断书，其发生的住院医疗费用按相应比例救助，当年累计不超过80000元。

（2）门诊救助。①市区农村五保和城镇"三无"对象、城乡最低生活保障对象，实行每年每人定额200元的门诊救助；②救助对象因患重特大疾病和其他市区基本医疗保险政策规定的特殊病种，其门诊医疗费用参照住院救助政策执行；③农村五保和城镇"三无"对象、城乡最低生活保障对象中的慢性病患者在一个自然年度内发生的符合医疗保险报销范围内的门诊自负费用，超过3000元的按实际超出费用予以救助，最高不超过2000元。

老王是一位生活困难的孤寡老人，依照国家的有关规定，应该能够得到医疗救助，在符合条件的情况下，依据《社会救助暂行办法》第30条的规定，村委会依照法定程序，可以帮助他申请到医疗救助。

法津依据

《社会救助暂行办法》

第28条："下列人员可以申请相关医疗救助：

（一）最低生活保障家庭成员；

（二）特困供养人员；

（三）县级以上人民政府规定的其他特殊困难人员。"

第29条："医疗救助采取下列方式：

（一）对救助对象参加城镇居民基本医疗保险或者新型农村合作医疗的个人缴费部分，给予补贴；

（二）对救助对象经基本医疗保险、大病保险和其他补充医疗保险支付后，个人及其家庭难以承担的符合规定的基本医疗自负费用，给予补助。

医疗救助标准，由县级以上人民政府按照经济社会发展水平和医疗救助资金情况确定、公布。"

第30条："申请医疗救助的，应当向乡镇人民政府、街道办事处提出，经审核、公示后，由县级人民政府民政部门审批。最低生活保障家庭成员和特困供养人员的医疗救助，由县级人民政府民政部门直接办理。"

42 侵犯农村孤寡老人权益可能承担的法律责任以及 救济途径有哪些？

典型事例

老王是一位孤寡老人，一直以来，依靠国家的补贴生活。2013年，老王与村委会签订了遗赠扶养协议，可是后来村委会一直未尽到应有的扶养义务，老王的生活也不见好转。老王反悔，不想继续履行遗赠扶养协议，可是村委会主任说，如果老王不继续履行协议，将会承担违约的责任，并且威胁说如果违约村委会将不再管老王的任何事情。老王很无奈，不知道如何办。

法律分析

2012年修订后的《中华人民共和国老年人权益保障法》由原来的不到4000字增加到了7000多字，主要体现在养老支持、精神慰藉、住行方便等方面。如：提供条件让老人随赡养人迁徙，单位要保障赡养人探亲休假以及法律规定每年农历九月初九为老年节，并要求国家和社会采取措施丰富老年人的精神文化生活等。那些失去亲人生活又贫困的孤寡老人，他们没有子女承欢膝下、赡养尽孝，没有老伴陪伴左右、共享天伦。风烛残年的他们，有的甚至还受疾病的折磨和贫穷的困扰，身心俱疲。老吾老以及人之老，关心关怀关爱本是广义的词汇，只有全社会所有人的共同爱心，老人们的晚年才可能温暖、幸福与安详，但是就是这些社会弱势群体，他们的权益还时不时地受到侵害，因此明确孤寡老人权益受到侵害时的救济途径显得至关重要。

1. 侵犯孤寡老年人合法权益的行为要构成犯罪必须具备四个

方面的构成要件，即犯罪客体、犯罪客观方面、犯罪主体和犯罪主观方面。犯罪客体是指我国《刑法》所保护而为犯罪行为所侵犯的社会关系；犯罪客观方面是指犯罪活动的客观外在表现，其事实特征有：危害行为、危害结果以及犯罪的时间、地点和方法等；犯罪主体是指实施刑法所禁止的危害社会的行为并且依法负刑事责任的人，即罪犯；犯罪主观方面是指犯罪主体对自己行为的危害社会结果的心理态度，包括犯罪故意和犯罪过失。因此，当孤寡老年人的合法权益受到侵害，提起刑事诉讼时，必须具备构成刑事责任的条件，人民法院才会受理。根据《老年人权益保障法》的规定，以暴力或其他方法公然侮辱老年人，捏造事实诽谤或虐待老年人，情节严重的；暴力干涉老年人婚姻自由或者对老年人负有赡养、扶养义务而拒不履行，情节严重的；家庭成员有盗窃、诈骗、抢夺、勒索、故意毁坏老年人财物，情节严重的，这三类行为具备相应的犯罪构成要件的，即构成犯罪，应当追究刑事责任，但一般情况下告诉才处理。

2. 侵犯孤寡老年人合法权益的行为不构成犯罪的，可能面临着行政处罚和民事责任承担。依据《老年人权益保障法》第75、76、77、82条的规定，侵犯孤寡老年人合法权益时，可能受到相应的行政处罚。同时在《侵权责任法》中，孤寡老人作为其中的一员，权益受到侵害时，侵权人应该承担侵权责任。

3. 孤寡老年人权益受到侵害时要寻求法律保护。根据《老年人权益保障法》的规定，孤寡老年人合法权益受到侵害时，被侵害人或其代理人有权要求有关部门处理，或依法向人民法院起诉。孤寡老年人权益受到侵害额度救济途径如下：

（1）民事调解。孤寡老年人与他人因扶养或者住房、财产等问题发生纠纷时，可以要求孤寡老人所在地组织或居民委员会、村民委员会调解，各级老龄工作机构都是孤寡老年人的"娘家"，希望孤寡老人们在自身权益受到侵害时，能够及时向当地居委会、村委会或各级老龄工作机构反映，请求他们对实施侵害者进行批评教育，直至改正，也可以直接向人民法院起诉。

（2）民事诉讼。孤寡老年人因其合法权益受侵害也可以直接向人民法院起诉。提起诉讼交纳诉讼费确有困难的，可以凭当地村、镇的证明申请缓交、减交、免交诉讼费；需要获得律师帮助，但无力支付律师费用的，可以向当地村民委员会、镇司法所、市司法局申请法律援助，申请免费指定律师（即请律师不用付钱），获得法律援助。

（3）行政和刑事处罚。遗弃和虐待老年人应受到法律制裁，包括行政和刑事处罚。遗弃老年人，是指对老年人负有赡养、扶养义务的当事人一方，对需要赡养、扶养的老年人不履行其应尽义务的违法行为。如成年子女不赡养无劳动能力或生活困难的父母；配偶不履行扶养对方的义务等。对遗弃老年人情节较轻的，应进行严肃的批评教育，责令其改正错误，必要时给予行政处分或行政处罚；对拒不履行赡养、扶养义务的人，可依法强制其履行义务；对遗弃老年人情节恶劣的，依《刑法》规定予以处罚。同时法律还规定，对虐待老年人的行为要依法进行严惩。虐待老年人，是指经常性地打骂、冻饿、禁闭老人，或强迫老年人过度劳动，有病不给治疗，或其他折磨、摧残老年人身心健康的行为。现实生活中，虐待老年人的行为人大多是与老年人共同生活的家庭成员，如老年人的配偶、子女、儿媳、女婿等，他们一般负有赡养老人的义务。《老年人权益保障法》第 75 条规定，虐待老年人情节较轻的，依法给予治安管理处罚；情节恶劣，构成虐待罪的，依《刑法》的规定追究刑事责任。受虐待的老年人既可以采取正当的防卫行为来维护自己的权利，也可以请求居委会、村委会或其他社会组织的援助；对构成虐待罪的行为人，受虐待的老年人还可以向人民法院提起诉讼,追究其刑事责任。

法 律依据

《中华人民共和国老年人权益保障法》

第 72 条:"老年人合法权益受到侵害的,被侵害人或者其代理人有权要求有关部门处理,或者依法向人民法院提起诉讼。

人民法院和有关部门,对侵犯老年人合法权益的申诉、控告和检举,应当依法及时受理,不得推诿、拖延。"

第 73 条:"不履行保护老年人合法权益职责的部门或者组织,其上级主管部门应当给予批评教育,责令改正。

国家工作人员违法失职,致使老年人合法权益受到损害的,由其所在单位或者上级机关责令改正,或者依法给予处分;构成犯罪的,依法追究刑事责任。"

第 74 条:"老年人与家庭成员因赡养、扶养或者住房、财产等发生纠纷,可以申请人民调解委员会或者其他有关组织进行调解,也可以直接向人民法院提起诉讼。

人民调解委员会或者其他有关组织调解前款纠纷时,应当通过说服、疏导等方式化解矛盾和纠纷;对有过错的家庭成员,应当给予批评教育。

人民法院对老年人追索赡养费或者扶养费的申请,可以依法裁定先予执行。"

第 75 条:"干涉老年人婚姻自由,对老年人负有赡养义务、扶养义务而拒绝赡养、扶养,虐待老年人或者对老年人实施家庭暴力的,由有关单位给予批评教育;构成违反治安管理行为的,依法给予治安管理处罚;构成犯罪的,依法追究刑事责任。"

第 76 条:"家庭成员盗窃、诈骗、抢夺、侵占、勒索、故意损毁老年人财物,构成违反治安管理行为的,依法给予治安管理处罚；构成犯罪的，依法追究刑事责任。"

第 77 条："侮辱、诽谤老年人，构成违反治安管理行为的，依法给予治安管理处罚；构成犯罪的，依法追究刑事责任。"

第 78 条："未经许可设立养老机构的，由县级以上人民政府民政部门责令改正；符合法律、法规规定的养老机构条件的，依法补办相关手续；逾期达不到法定条件的，责令停办并妥善安置收住的老年人；造成损害的，依法承担民事责任。"

第 79 条："养老机构及其工作人员侵害老年人人身和财产权益，或者未按照约定提供服务的，依法承担民事责任；有关主管部门依法给予行政处罚；构成犯罪的，依法追究刑事责任。"

第 80 条："对养老机构负有管理和监督职责的部门及其工作人员滥用职权、玩忽职守、徇私舞弊的，对直接负责的主管人员和其他直接责任人员依法给予处分；构成犯罪的，依法追究刑事责任。"

第 81 条："不按规定履行优待老年人义务的，由有关主管部门责令改正。"

第 82 条："涉及老年人的工程不符合国家规定的标准或者无障碍设施所有人、管理人未尽到维护和管理职责的，由有关主管部门责令改正；造成损害的，依法承担民事责任；对有关单位、个人依法给予行政处罚；构成犯罪的，依法追究刑事责任。"

《中华人民共和国宪法》

第 45 条第 1 款："中华人民共和国公民在年老、疾病或者丧失劳动能力的情况下，有从国家和社会获得物质帮助的权利。国家发展为公民享受这些权利所需要的社会保险、社会救济和医疗卫生事业。"

第 49 条第 4 款："禁止破坏婚姻自由，禁止虐待老人、妇女和儿童。"

42. 侵犯农村孤寡老人权益可能承担的法律责任以及救济途径有哪些?

《中华人民共和国劳动法》

第70条:"国家发展社会保险事业,建立社会保险制度,设立社会保险基金,使劳动者在年老、患病、工伤、失业、生育等情况下获得帮助和补偿。"

第73条第1款:"劳动者在下列情形下,依法享受社会保险待遇:

(一)退休;

(二)患病、负伤;

(三)因工伤残或者患职业病;

(四)失业;

(五)生育。"

《中华人民共和国刑法》

第260条第1款:"虐待家庭成员,情节恶劣的,处二年以下有期徒刑、拘役或者管制。"

第261条:"对于年老、年幼、患病或者其他没有独立生活能力的人,负有扶养义务而拒绝扶养,情节恶劣的,处五年以下有期徒刑、拘役或者管制。"

《中华人民共和国民法通则》

第104条第1款:"婚姻、家庭、老人、母亲和儿童受法律保护。"

附　录

一、中华人民共和国未成年人保护法

第一章　总则

第一条　为了保护未成年人的身心健康，保障未成年人的合法权益，促进未成年人在品德、智力、体质等方面全面发展，培养有理想、有道德、有文化、有纪律的社会主义建设者和接班人，根据宪法，制定本法。

第二条　本法所称未成年人是指未满十八周岁的公民。

第三条　未成年人享有生存权、发展权、受保护权、参与权等权利，国家根据未成年人身心发展特点给予特殊、优先保护，保障未成年人的合法权益不受侵犯。

未成年人享有受教育权，国家、社会、学校和家庭尊重和保障未成年人的受教育权。

未成年人不分性别、民族、种族、家庭财产状况、宗教信仰等，依法平等地享有权利。

第四条　国家、社会、学校和家庭对未成年人进行理想教育、道德教育、文化教育、纪律和法制教育，进行爱国主义、集体主义和社会主义的教育，提倡爱祖国、爱人民、爱劳动、爱科学、爱社会主义的公德，反对资本主义的、封建主义的和其他的腐朽思想的侵蚀。

第五条　保护未成年人的工作，应当遵循下列原则：

（一）尊重未成年人的人格尊严；

（二）适应未成年人身心发展的规律和特点；

（三）教育与保护相结合。

第六条　保护未成年人，是国家机关、武装力量、政党、社会团体、企业事业组织、城乡基层群众性自治组织、未成年人的监护人和其他成年公民的共同责任。

对侵犯未成年人合法权益的行为，任何组织和个人都有权予以劝阻、制止或者向有关部门提出检举或者控告。

国家、社会、学校和家庭应当教育和帮助未成年人维护自己的合法权益，增强自我保护的意识和能力，增强社会责任感。

第七条　中央和地方各级国家机关应当在各自的职责范围内做好未成年人保护工作。

国务院和地方各级人民政府领导有关部门做好未成年人保护工作；将未成年人保护工作纳入国民经济和社会发展规划以及年度计划，相关经费纳入本级政府预算。

国务院和省、自治区、直辖市人民政府采取组织措施，协调有关部门做好未成年人保护工作。具体机构由国务院和省、自治区、直辖市人民政府规定。

第八条　共产主义青年团、妇女联合会、工会、青年联合会、学生联合会、少年先锋队以及其他有关社会团体，协助各级人民政府做好未成年人保护工作，维护未成年人的合法权益。

第九条　各级人民政府和有关部门对保护未成年人有显著成绩的组织和个人，给予表彰和奖励。

第二章　家庭保护

第十条　父母或者其他监护人应当创造良好、和睦的家庭环境，依法履行对未成年人的监护职责和抚养义务。

禁止对未成年人实施家庭暴力，禁止虐待、遗弃未成年人，禁止溺婴和其他残害婴儿的行为，不得歧视女性未成年人或者有残疾的未成年人。

第十一条 父母或者其他监护人应当关注未成年人的生理、心理状况和行为习惯，以健康的思想、良好的品行和适当的方法教育和影响未成年人，引导未成年人进行有益身心健康的活动，预防和制止未成年人吸烟、酗酒、流浪、沉迷网络以及赌博、吸毒、卖淫等行为。

第十二条 父母或者其他监护人应当学习家庭教育知识，正确履行监护职责，抚养教育未成年人。

有关国家机关和社会组织应当为未成年人的父母或者其他监护人提供家庭教育指导。

第十三条 父母或者其他监护人应当尊重未成年人受教育的权利，必须使适龄未成年人依法入学接受并完成义务教育，不得使接受义务教育的未成年人辍学。

第十四条 父母或者其他监护人应当根据未成年人的年龄和智力发展状况，在作出与未成年人权益有关的决定时告知其本人，并听取他们的意见。

第十五条 父母或者其他监护人不得允许或者迫使未成年人结婚，不得为未成年人订立婚约。

第十六条 父母因外出务工或者其他原因不能履行对未成年人监护职责的，应当委托有监护能力的其他成年人代为监护。

第三章　学校保护

第十七条 学校应当全面贯彻国家的教育方针，实施素质教育，提高教育质量，注重培养未成年学生独立思考能力、创新能力和实践能力，促进未成年学生全面发展。

第十八条　学校应当尊重未成年学生受教育的权利，关心、爱护学生，对品行有缺点、学习有困难的学生，应当耐心教育、帮助，不得歧视，不得违反法律和国家规定开除未成年学生。

第十九条　学校应当根据未成年学生身心发展的特点，对他们进行社会生活指导、心理健康辅导和青春期教育。

第二十条　学校应当与未成年学生的父母或者其他监护人互相配合，保证未成年学生的睡眠、娱乐和体育锻炼时间，不得加重其学习负担。

第二十一条　学校、幼儿园、托儿所的教职员工应当尊重未成年人的人格尊严，不得对未成年人实施体罚、变相体罚或者其他侮辱人格尊严的行为。

第二十二条　学校、幼儿园、托儿所应当建立安全制度，加强对未成年人的安全教育，采取措施保障未成年人的人身安全。

学校、幼儿园、托儿所不得在危及未成年人人身安全、健康的校舍和其他设施、场所中进行教育教学活动。

学校、幼儿园安排未成年人参加集会、文化娱乐、社会实践等集体活动，应当有利于未成年人的健康成长，防止发生人身安全事故。

第二十三条　教育行政等部门和学校、幼儿园、托儿所应当根据需要，制定应对各种灾害、传染性疾病、食物中毒、意外伤害等突发事件的预案，配备相应设施并进行必要的演练，增强未成年人的自我保护意识和能力。

第二十四条　学校对未成年学生在校内或者本校组织的校外活动中发生人身伤害事故的，应当及时救护，妥善处理，并及时向有关主管部门报告。

第二十五条　对于在学校接受教育的有严重不良行为的未成

年学生，学校和父母或者其他监护人应当互相配合加以管教；无力管教或者管教无效的，可以按照有关规定将其送专门学校继续接受教育。

依法设置专门学校的地方人民政府应当保障专门学校的办学条件，教育行政部门应当加强对专门学校的管理和指导，有关部门应当给予协助和配合。

专门学校应当对在校就读的未成年学生进行思想教育、文化教育、纪律和法制教育、劳动技术教育和职业教育。

专门学校的教职员工应当关心、爱护、尊重学生，不得歧视、厌弃。

第二十六条 幼儿园应当做好保育、教育工作，促进幼儿在体质、智力、品德等方面和谐发展。

第四章 社会保护

第二十七条 全社会应当树立尊重、保护、教育未成年人的良好风尚，关心、爱护未成年人。

国家鼓励社会团体、企业事业组织以及其他组织和个人，开展多种形式的有利于未成年人健康成长的社会活动。

第二十八条 各级人民政府应当保障未成年人受教育的权利，并采取措施保障家庭经济困难的、残疾的和流动人口中的未成年人等接受义务教育。

第二十九条 各级人民政府应当建立和改善适合未成年人文化生活需要的活动场所和设施，鼓励社会力量兴办适合未成年人的活动场所，并加强管理。

第三十条 爱国主义教育基地、图书馆、青少年宫、儿童活动中心应当对未成年人免费开放；博物馆、纪念馆、科技馆、展览馆、美术馆、文化馆以及影剧院、体育场馆、动物园、公园等场所，应当按照有关规定对未成年人免费或者优惠开放。

第三十一条　县级以上人民政府及其教育行政部门应当采取措施，鼓励和支持中小学校在节假日期间将文化体育设施对未成年人免费或者优惠开放。

社区中的公益性互联网上网服务设施，应当对未成年人免费或者优惠开放，为未成年人提供安全、健康的上网服务。

第三十二条　国家鼓励新闻、出版、信息产业、广播、电影、电视、文艺等单位和作家、艺术家、科学家以及其他公民，创作或者提供有利于未成年人健康成长的作品。出版、制作和传播专门以未成年人为对象的内容健康的图书、报刊、音像制品、电子出版物以及网络信息等，国家给予扶持。

国家鼓励科研机构和科技团体对未成年人开展科学知识普及活动。

第三十三条　国家采取措施，预防未成年人沉迷网络。

国家鼓励研究开发有利于未成年人健康成长的网络产品，推广用于阻止未成年人沉迷网络的新技术。

第三十四条　禁止任何组织、个人制作或者向未成年人出售、出租或者以其他方式传播淫秽、暴力、凶杀、恐怖、赌博等毒害未成年人的图书、报刊、音像制品、电子出版物以及网络信息等。

第三十五条　生产、销售用于未成年人的食品、药品、玩具、用具和游乐设施等，应当符合国家标准或者行业标准，不得有害于未成年人的安全和健康；需要标明注意事项的，应当在显著位置标明。

第三十六条　中小学校园周边不得设置营业性歌舞娱乐场所、互联网上网服务营业场所等不适宜未成年人活动的场所。

营业性歌舞娱乐场所、互联网上网服务营业场所等不适宜未成年人活动的场所，不得允许未成年人进入，经营者应当在显著位置设置未成年人禁入标志；对难以判明是否已成年的，应当要求其出示身份证件。

第三十七条　禁止向未成年人出售烟酒，经营者应当在显著位置设置不向未成年人出售烟酒的标志；对难以判明是否已成年的，应当要求其出示身份证件。

任何人不得在中小学校、幼儿园、托儿所的教室、寝室、活动室和其他未成年人集中活动的场所吸烟、饮酒。

第三十八条　任何组织或者个人不得招用未满十六周岁的未成年人，国家另有规定的除外。

任何组织或者个人按照国家有关规定招用已满十六周岁未满十八周岁的未成年人的，应当执行国家在工种、劳动时间、劳动强度和保护措施等方面的规定，不得安排其从事过重、有毒、有害等危害未成年人身心健康的劳动或者危险作业。

第三十九条　任何组织或者个人不得披露未成年人的个人隐私。

对未成年人的信件、日记、电子邮件，任何组织或者个人不得隐匿、毁弃；除因追查犯罪的需要，由公安机关或者人民检察院依法进行检查，或者对无行为能力的未成年人的信件、日记、电子邮件由其父母或者其他监护人代为开拆、查阅外，任何组织或者个人不得开拆、查阅。

第四十条　学校、幼儿园、托儿所和公共场所发生突发事件时，应当优先救护未成年人。

第四十一条　禁止拐卖、绑架、虐待未成年人，禁止对未成年人实施性侵害。

禁止胁迫、诱骗、利用未成年人乞讨或者组织未成年人进行有害其身心健康的表演等活动。

第四十二条　公安机关应当采取有力措施，依法维护校园周边的治安和交通秩序，预防和制止侵害未成年人合法权益的违法犯罪行为。

任何组织或者个人不得扰乱教学秩序，不得侵占、破坏学校、幼儿园、托儿所的场地、房屋和设施。

第四十三条　县级以上人民政府及其民政部门应当根据需要设立救助场所，对流浪乞讨等生活无着未成年人实施救助，承担临时监护责任；公安部门或者其他有关部门应当护送流浪乞讨或者离家出走的未成年人到救助场所，由救助场所予以救助和妥善照顾，并及时通知其父母或者其他监护人领回。

对孤儿、无法查明其父母或者其他监护人的以及其他生活无着的未成年人，由民政部门设立的儿童福利机构收留抚养。

未成年人救助机构、儿童福利机构及其工作人员应当依法履行职责，不得虐待、歧视未成年人；不得在办理收留抚养工作中牟取利益。

第四十四条　卫生部门和学校应当对未成年人进行卫生保健和营养指导，提供必要的卫生保健条件，做好疾病预防工作。

卫生部门应当做好对儿童的预防接种工作，国家免疫规划项目的预防接种实行免费；积极防治儿童常见病、多发病，加强对传染病防治工作的监督管理，加强对幼儿园、托儿所卫生保健的业务指导和监督检查。

第四十五条　地方各级人民政府应当积极发展托幼事业，办好托儿所、幼儿园，支持社会组织和个人依法兴办哺乳室、托儿所、幼儿园。

各级人民政府和有关部门应当采取多种形式，培养和训练幼儿园、托儿所的保教人员，提高其职业道德素质和业务能力。

第四十六条　国家依法保护未成年人的智力成果和荣誉权不受侵犯。

第四十七条 未成年人已经完成规定年限的义务教育不再升学的，政府有关部门和社会团体、企业事业组织应当根据实际情况，对他们进行职业教育，为他们创造劳动就业条件。

第四十八条 居民委员会、村民委员会应当协助有关部门教育和挽救违法犯罪的未成年人，预防和制止侵害未成年人合法权益的违法犯罪行为。

第四十九条 未成年人的合法权益受到侵害的，被侵害人及其监护人或者其他组织和个人有权向有关部门投诉，有关部门应当依法及时处理。

第五章　司法保护

第五十条 公安机关、人民检察院、人民法院以及司法行政部门，应当依法履行职责，在司法活动中保护未成年人的合法权益。

第五十一条 未成年人的合法权益受到侵害，依法向人民法院提起诉讼的，人民法院应当依法及时审理，并适应未成年人生理、心理特点和健康成长的需要，保障未成年人的合法权益。

在司法活动中对需要法律援助或者司法救助的未成年人，法律援助机构或者人民法院应当给予帮助，依法为其提供法律援助或者司法救助。

第五十二条 人民法院审理继承案件，应当依法保护未成年人的继承权和受遗赠权。

人民法院审理离婚案件，涉及未成年子女抚养问题的，应当听取有表达意愿能力的未成年子女的意见，根据保障子女权益的原则和双方具体情况依法处理。

第五十三条 父母或者其他监护人不履行监护职责或者侵害被监护的未成年人的合法权益，经教育不改的，人民法院可以根据有关人员或者有关单位的申请，撤销其监护人的资格，依法另行指定监护人。被撤销监护资格的父母应当依法继续负担抚养费用。

第五十四条　对违法犯罪的未成年人，实行教育、感化、挽救的方针，坚持教育为主、惩罚为辅的原则。

对违法犯罪的未成年人，应当依法从轻、减轻或者免除处罚。

第五十五条　公安机关、人民检察院、人民法院办理未成年人犯罪案件和涉及未成年人权益保护案件，应当照顾未成年人身心发展特点，尊重他们的人格尊严，保障他们的合法权益，并根据需要设立专门机构或者指定专人办理。

第五十六条　讯问、审判未成年犯罪嫌疑人、被告人，询问未成年证人、被害人，应当依照刑事诉讼法的规定通知其法定代理人或其他人员到场。

公安机关、人民检察院、人民法院办理未成年人遭受性侵害的刑事案件，应当保护被害人的名誉。

第五十七条　对羁押、服刑的未成年人，应当与成年人分别关押。

羁押、服刑的未成年人没有完成义务教育的，应当对其进行义务教育。

解除羁押、服刑期满的未成年人的复学、升学、就业不受歧视。

第五十八条　对未成年人犯罪案件，新闻报道、影视节目、公开出版物、网络等不得披露该未成年人的姓名、住所、照片、图像以及可能推断出该未成年人的资料。

第五十九条　对未成年人严重不良行为的矫治与犯罪行为的预防，依照预防未成年人犯罪法的规定执行。

第六章　法律责任

第六十条　违反本法规定，侵害未成年人的合法权益，其他法律、法规已规定行政处罚的，从其规定；造成人身财产损失或者其他损害的，依法承担民事责任；构成犯罪的，依法追究刑事责任。

第六十一条　国家机关及其工作人员不依法履行保护未成年人合法权益的责任，或者侵害未成年人合法权益，或者对提出申诉、控告、检举的人进行打击报复的，由其所在单位或者上级机关责令改正，对直接负责的主管人员和其他直接责任人员依法给予行政处分。

第六十二条　父母或者其他监护人不依法履行监护职责，或者侵害未成年人合法权益的，由其所在单位或者居民委员会、村民委员会予以劝诫、制止；构成违反治安管理行为的，由公安机关依法给予行政处罚。

第六十三条　学校、幼儿园、托儿所侵害未成年人合法权益的，由教育行政部门或者其他有关部门责令改正；情节严重的，对直接负责的主管人员和其他直接责任人员依法给予处分。

学校、幼儿园、托儿所教职员工对未成年人实施体罚、变相体罚或者其他侮辱人格行为的，由其所在单位或者上级机关责令改正；情节严重的，依法给予处分。

第六十四条　制作或者向未成年人出售、出租或者以其他方式传播淫秽、暴力、凶杀、恐怖、赌博等图书、报刊、音像制品、电子出版物以及网络信息等的，由主管部门责令改正，依法给予行政处罚。

第六十五条　生产、销售用于未成年人的食品、药品、玩具、用具和游乐设施不符合国家标准或者行业标准，或者没有在显著位置标明注意事项的，由主管部门责令改正，依法给予行政处罚。

第六十六条　在中小学校园周边设置营业性歌舞娱乐场所、互联网上网服务营业场所等不适宜未成年人活动的场所的，由主管部门予以关闭，依法给予行政处罚。

营业性歌舞娱乐场所、互联网上网服务营业场所等不适宜未成年人活动的场所允许未成年人进入，或者没有在显著位置设置未成年人禁入标志的，由主管部门责令改正，依法给予行政处罚。

第六十七条　向未成年人出售烟酒，或者没有在显著位置设置不向未成年人出售烟酒标志的，由主管部门责令改正，依法给予行政处罚。

第六十八条　非法招用未满十六周岁的未成年人，或者招用已满十六周岁的未成年人从事过重、有毒、有害等危害未成年人身心健康的劳动或者危险作业的，由劳动保障部门责令改正，处以罚款；情节严重的，由工商行政管理部门吊销营业执照。

第六十九条　侵犯未成年人隐私，构成违反治安管理行为的，由公安机关依法给予行政处罚。

第七十条　未成年人救助机构、儿童福利机构及其工作人员不依法履行对未成年人的救助保护职责，或者虐待、歧视未成年人，或者在办理收留抚养工作中牟取利益的，由主管部门责令改正，依法给予行政处分。

第七十一条　胁迫、诱骗、利用未成年人乞讨或者组织未成年人进行有害其身心健康的表演等活动的，由公安机关依法给予行政处罚。

第七章　附则

第七十二条　本法自 2007 年 6 月 1 日起施行。

二、中华人民共和国老年人权益保障法

第一章　总则

第一条　为了保障老年人合法权益，发展老龄事业，弘扬中华民族敬老、养老、助老的美德，根据宪法，制定本法。

第二条　本法所称老年人是指六十周岁以上的公民。

第三条　国家保障老年人依法享有的权益。

老年人有从国家和社会获得物质帮助的权利，有享受社会服务和社会优待的权利，有参与社会发展和共享发展成果的权利。

禁止歧视、侮辱、虐待或者遗弃老年人。

第四条　积极应对人口老龄化是国家的一项长期战略任务。

国家和社会应当采取措施，健全保障老年人权益的各项制度，逐步改善保障老年人生活、健康、安全以及参与社会发展的条件，实现老有所养、老有所医、老有所为、老有所学、老有所乐。

第五条　国家建立多层次的社会保障体系，逐步提高对老年人的保障水平。

国家建立和完善以居家为基础、社区为依托、机构为支撑的社会养老服务体系。

倡导全社会优待老年人。

第六条　各级人民政府应当将老龄事业纳入国民经济和社会发展规划，将老龄事业经费列入财政预算，建立稳定的经费保障机制，并鼓励社会各方面投入，使老龄事业与经济、社会协调发展。

国务院制定国家老龄事业发展规划。县级以上地方人民政府根据国家老龄事业发展规划，制定本行政区域的老龄事业发展规划和年度计划。

县级以上人民政府负责老龄工作的机构，负责组织、协调、指导、督促有关部门做好老年人权益保障工作。

第七条　保障老年人合法权益是全社会的共同责任。

国家机关、社会团体、企业事业单位和其他组织应当按照各自职责，做好老年人权益保障工作。

基层群众性自治组织和依法设立的老年人组织应当反映老年人的要求，维护老年人合法权益，为老年人服务。

提倡、鼓励义务为老年人服务。

第八条　国家进行人口老龄化国情教育，增强全社会积极应对人口老龄化意识。

全社会应当广泛开展敬老、养老、助老宣传教育活动，树立尊重、关心、帮助老年人的社会风尚。

青少年组织、学校和幼儿园应当对青少年和儿童进行敬老、养老、助老的道德教育和维护老年人合法权益的法制教育。

广播、电影、电视、报刊、网络等应当反映老年人的生活，开展维护老年人合法权益的宣传，为老年人服务。

第九条　国家支持老龄科学研究，建立老年人状况统计调查和发布制度。

第十条　各级人民政府和有关部门对维护老年人合法权益和敬老、养老、助老成绩显著的组织、家庭或者个人，对参与社会发展做出突出贡献的老年人，按照国家有关规定给予表彰或者奖励。

第十一条　老年人应当遵纪守法，履行法律规定的义务。

第十二条　每年农历九月初九为老年节。

第二章　家庭赡养与扶养

第十三条　老年人养老以居家为基础，家庭成员应当尊重、关心和照料老年人。

第十四条 赡养人应当履行对老年人经济上供养、生活上照料和精神上慰藉的义务，照顾老年人的特殊需要。

赡养人是指老年人的子女以及其他依法负有赡养义务的人。

赡养人的配偶应当协助赡养人履行赡养义务。

第十五条 赡养人应当使患病的老年人及时得到治疗和护理；对经济困难的老年人，应当提供医疗费用。

对生活不能自理的老年人，赡养人应当承担照料责任；不能亲自照料的，可以按照老年人的意愿委托他人或者养老机构等照料。

第十六条 赡养人应当妥善安排老年人的住房，不得强迫老年人居住或者迁居条件低劣的房屋。

老年人自有的或者承租的住房，子女或者其他亲属不得侵占，不得擅自改变产权关系或者租赁关系。

老年人自有的住房，赡养人有维修的义务。

第十七条 赡养人有义务耕种或者委托他人耕种老年人承包的田地，照管或者委托他人照管老年人的林木和牲畜等，收益归老年人所有。

第十八条 家庭成员应当关心老年人的精神需求，不得忽视、冷落老年人。

与老年人分开居住的家庭成员，应当经常看望或者问候老年人。

用人单位应当按照国家有关规定保障赡养人探亲休假的权利。

第十九条 赡养人不得以放弃继承权或者其他理由，拒绝履行赡养义务。

赡养人不履行赡养义务，老年人有要求赡养人付给赡养费等权利。

赡养人不得要求老年人承担力不能及的劳动。

第二十条　经老年人同意，赡养人之间可以就履行赡养义务签订协议。赡养协议的内容不得违反法律的规定和老年人的意愿。

基层群众性自治组织、老年人组织或者赡养人所在单位监督协议的履行。

第二十一条　老年人的婚姻自由受法律保护。子女或者其他亲属不得干涉老年人离婚、再婚及婚后的生活。

赡养人的赡养义务不因老年人的婚姻关系变化而消除。

第二十二条　老年人对个人的财产，依法享有占有、使用、收益和处分的权利，子女或者其他亲属不得干涉，不得以窃取、骗取、强行索取等方式侵犯老年人的财产权益。

老年人有依法继承父母、配偶、子女或者其他亲属遗产的权利，有接受赠与的权利。子女或者其他亲属不得侵占、抢夺、转移、隐匿或者损毁应当由老年人继承或者接受赠与的财产。

老年人以遗嘱处分财产，应当依法为老年配偶保留必要的份额。

第二十三条　老年人与配偶有相互扶养的义务。

由兄、姐扶养的弟、妹成年后，有负担能力的，对年老无赡养人的兄、姐有扶养的义务。

第二十四条　赡养人、扶养人不履行赡养、扶养义务的，基层群众性自治组织、老年人组织或者赡养人、扶养人所在单位应当督促其履行。

第二十五条　禁止对老年人实施家庭暴力。

第二十六条　具备完全民事行为能力的老年人，可以在近亲属或者其他与自己关系密切、愿意承担监护责任的个人、组织中协商确定自己的监护人。监护人在老年人丧失或者部分丧失民事行为能力时，依法承担监护责任。

老年人未事先确定监护人的，其丧失或者部分丧失民事行为能力时，依照有关法律的规定确定监护人。

第二十七条 国家建立健全家庭养老支持政策，鼓励家庭成员与老年人共同生活或者就近居住，为老年人随配偶或者赡养人迁徙提供条件，为家庭成员照料老年人提供帮助。

第三章　社会保障

第二十八条 国家通过基本养老保险制度，保障老年人的基本生活。

第二十九条 国家通过基本医疗保险制度，保障老年人的基本医疗需要。享受最低生活保障的老年人和符合条件的低收入家庭中的老年人参加新型农村合作医疗和城镇居民基本医疗保险所需个人缴费部分，由政府给予补贴。

有关部门制定医疗保险办法，应当对老年人给予照顾。

第三十条 国家逐步开展长期护理保障工作，保障老年人的护理需求。

对生活长期不能自理、经济困难的老年人，地方各级人民政府应当根据其失能程度等情况给予护理补贴。

第三十一条 国家对经济困难的老年人给予基本生活、医疗、居住或者其他救助。

老年人无劳动能力、无生活来源、无赡养人和扶养人，或者其赡养人和扶养人确无赡养能力或者扶养能力的，由地方各级人民政府依照有关规定给予供养或者救助。

对流浪乞讨、遭受遗弃等生活无着的老年人，由地方各级人民政府依照有关规定给予救助。

第三十二条 地方各级人民政府在实施廉租住房、公共租赁住房等住房保障制度或者进行危旧房屋改造时，应当优先照顾符合条件的老年人。

第三十三条　国家建立和完善老年人福利制度，根据经济社会发展水平和老年人的实际需要，增加老年人的社会福利。

国家鼓励地方建立八十周岁以上低收入老年人高龄津贴制度。

国家建立和完善计划生育家庭老年人扶助制度。

农村可以将未承包的集体所有的部分土地、山林、水面、滩涂等作为养老基地，收益供老年人养老。

第三十四条　老年人依法享有的养老金、医疗待遇和其他待遇应当得到保障，有关机构必须按时足额支付，不得克扣、拖欠或者挪用。

国家根据经济发展以及职工平均工资增长、物价上涨等情况，适时提高养老保障水平。

第三十五条　国家鼓励慈善组织以及其他组织和个人为老年人提供物质帮助。

第三十六条　老年人可以与集体经济组织、基层群众性自治组织、养老机构等组织或者个人签订遗赠扶养协议或者其他扶助协议。

负有扶养义务的组织或者个人按照遗赠扶养协议，承担该老年人生养死葬的义务，享有受遗赠的权利。

第四章　社会服务

第三十七条　地方各级人民政府和有关部门应当采取措施，发展城乡社区养老服务，鼓励、扶持专业服务机构及其他组织和个人，为居家的老年人提供生活照料、紧急救援、医疗护理、精神慰藉、心理咨询等多种形式的服务。

对经济困难的老年人，地方各级人民政府应当逐步给予养老服务补贴。

第三十八条　地方各级人民政府和有关部门、基层群众性自治组织，应当将养老服务设施纳入城乡社区配套设施建设规划，建立适应老年人需要的生活服务、文化体育活动、日间照料、疾病护理与康复等服务设施和网点，就近为老年人提供服务。

发扬邻里互助的传统，提倡邻里间关心、帮助有困难的老年人。

鼓励慈善组织、志愿者为老年人服务。倡导老年人互助服务。

第三十九条　各级人民政府应当根据经济发展水平和老年人服务需求，逐步增加对养老服务的投入。

各级人民政府和有关部门在财政、税费、土地、融资等方面采取措施，鼓励、扶持企业事业单位、社会组织或者个人兴办、运营养老、老年人日间照料、老年文化体育活动等设施。

第四十条　地方各级人民政府和有关部门应当按照老年人口比例及分布情况，将养老服务设施建设纳入城乡规划和土地利用总体规划，统筹安排养老服务设施建设用地及所需物资。

公益性养老服务设施用地，可以依法使用国有划拨土地或者农民集体所有的土地。

养老服务设施用地，非经法定程序不得改变用途。

第四十一条　政府投资兴办的养老机构，应当优先保障经济困难的孤寡、失能、高龄等老年人的服务需求。

第四十二条　国务院有关部门制定养老服务设施建设、养老服务质量和养老服务职业等标准，建立健全养老机构分类管理和养老服务评估制度。

各级人民政府应当规范养老服务收费项目和标准，加强监督和管理。

第四十三条　设立养老机构，应当符合下列条件：

（一）有自己的名称、住所和章程；

（二）有与服务内容和规模相适应的资金；

（三）有符合相关资格条件的管理人员、专业技术人员和服务人员；

（四）有基本的生活用房、设施设备和活动场地；

（五）法律、法规规定的其他条件。

第四十四条　设立公益性养老机构应当向县级以上人民政府民政部门申请行政许可；经许可的，依法办理相应的登记。

设立经营性养老机构应当在工商行政管理部门办理登记后，向县级以上人民政府民政部门申请行政许可。

县级以上人民政府民政部门负责养老机构的指导、监督和管理，其他有关部门依照职责分工对养老机构实施监督。

第四十五条　养老机构变更或者终止的，应当妥善安置收住的老年人，并依照规定到有关部门办理手续。有关部门应当为养老机构妥善安置老年人提供帮助。

第四十六条　国家建立健全养老服务人才培养、使用、评价和激励制度，依法规范用工，促进从业人员劳动报酬合理增长，发展专职、兼职和志愿者相结合的养老服务队伍。

国家鼓励高等学校、中等职业学校和职业培训机构设置相关专业或者培训项目，培养养老服务专业人才。

第四十七条　养老机构应当与接受服务的老年人或者其代理人签订服务协议，明确双方的权利、义务。

养老机构及其工作人员不得以任何方式侵害老年人的权益。

第四十八条　国家鼓励养老机构投保责任保险，鼓励保险公司承保责任保险。

第四十九条　各级人民政府和有关部门应当将老年医疗卫生服务纳入城乡医疗卫生服务规划，将老年人健康管理和常见病预防等纳入国家基本公共卫生服务项目。鼓励为老年人提供保健、护理、临终关怀等服务。

国家鼓励医疗机构开设针对老年病的专科或者门诊。

医疗卫生机构应当开展老年人的健康服务和疾病防治工作。

第五十条 国家采取措施，加强老年医学的研究和人才培养，提高老年病的预防、治疗、科研水平，促进老年病的早期发现、诊断和治疗。

国家和社会采取措施，开展各种形式的健康教育，普及老年保健知识，增强老年人自我保健意识。

第五十一条 国家采取措施，发展老龄产业，将老龄产业列入国家扶持行业目录。扶持和引导企业开发、生产、经营适应老年人需要的用品和提供相关的服务。

第五章 社会优待

第五十二条 县级以上人民政府及其有关部门根据经济社会发展情况和老年人的特殊需要，制定优待老年人的办法，逐步提高优待水平。

对常住在本行政区域内的外埠老年人给予同等优待。

第五十三条 各级人民政府和有关部门应当为老年人及时、便利地领取养老金、结算医疗费和享受其他物质帮助提供条件。

第五十四条 各级人民政府和有关部门办理房屋权属关系变更、户口迁移等涉及老年人权益的重大事项时，应当就办理事项是否为老年人的真实意思表示进行询问，并依法优先办理。

第五十五条 老年人因其合法权益受侵害提起诉讼交纳诉讼费确有困难的，可以缓交、减交或者免交；需要获得律师帮助，但无力支付律师费用的，可以获得法律援助。

鼓励律师事务所、公证处、基层法律服务所和其他法律服务机构为经济困难的老年人提供免费或者优惠服务。

第五十六条　医疗机构应当为老年人就医提供方便，对老年人就医予以优先。有条件的地方，可以为老年人设立家庭病床，开展巡回医疗、护理、康复、免费体检等服务。

提倡为老年人义诊。

第五十七条　提倡与老年人日常生活密切相关的服务行业为老年人提供优先、优惠服务。

城市公共交通、公路、铁路、水路和航空客运，应当为老年人提供优待和照顾。

第五十八条　博物馆、美术馆、科技馆、纪念馆、公共图书馆、文化馆、影剧院、体育场馆、公园、旅游景点等场所，应当对老年人免费或者优惠开放。

第五十九条　农村老年人不承担兴办公益事业的筹劳义务。

第六章　宜居环境

第六十条　国家采取措施，推进宜居环境建设，为老年人提供安全、便利和舒适的环境。

第六十一条　各级人民政府在制定城乡规划时，应当根据人口老龄化发展趋势、老年人口分布和老年人的特点，统筹考虑适合老年人的公共基础设施、生活服务设施、医疗卫生设施和文化体育设施建设。

第六十二条　国家制定和完善涉及老年人的工程建设标准体系，在规划、设计、施工、监理、验收、运行、维护、管理等环节加强相关标准的实施与监督。

第六十三条　国家制定无障碍设施工程建设标准。新建、改建和扩建道路、公共交通设施、建筑物、居住区等，应当符合国家无障碍设施工程建设标准。

各级人民政府和有关部门应当按照国家无障碍设施工程建设

标准，优先推进与老年人日常生活密切相关的公共服务设施的改造。

无障碍设施的所有人和管理人应当保障无障碍设施正常使用。

第六十四条 国家推动老年宜居社区建设，引导、支持老年宜居住宅的开发，推动和扶持老年人家庭无障碍设施的改造，为老年人创造无障碍居住环境。

第七章 参与社会发展

第六十五条 国家和社会应当重视、珍惜老年人的知识、技能、经验和优良品德，发挥老年人的专长和作用，保障老年人参与经济、政治、文化和社会生活。

第六十六条 老年人可以通过老年人组织，开展有益身心健康的活动。

第六十七条 制定法律、法规、规章和公共政策，涉及老年人权益重大问题的，应当听取老年人和老年人组织的意见。

老年人和老年人组织有权向国家机关提出老年人权益保障、老龄事业发展等方面的意见和建议。

第六十八条 国家为老年人参与社会发展创造条件。根据社会需要和可能，鼓励老年人在自愿和量力的情况下，从事下列活动：

（一）对青少年和儿童进行社会主义、爱国主义、集体主义和艰苦奋斗等优良传统教育；

（二）传授文化和科技知识；

（三）提供咨询服务；

（四）依法参与科技开发和应用；

（五）依法从事经营和生产活动；

（六）参加志愿服务、兴办社会公益事业；

（七）参与维护社会治安、协助调解民间纠纷；

（八）参加其他社会活动。

第六十九条　老年人参加劳动的合法收入受法律保护。

任何单位和个人不得安排老年人从事危害其身心健康的劳动或者危险作业。

第七十条　老年人有继续受教育的权利。

国家发展老年教育，把老年教育纳入终身教育体系，鼓励社会办好各类老年学校。

各级人民政府对老年教育应当加强领导，统一规划，加大投入。

第七十一条　国家和社会采取措施，开展适合老年人的群众性文化、体育、娱乐活动，丰富老年人的精神文化生活。

第八章　法律责任

第七十二条　老年人合法权益受到侵害的，被侵害人或者其代理人有权要求有关部门处理，或者依法向人民法院提起诉讼。

人民法院和有关部门，对侵犯老年人合法权益的申诉、控告和检举，应当依法及时受理，不得推诿、拖延。

第七十三条　不履行保护老年人合法权益职责的部门或者组织，其上级主管部门应当给予批评教育，责令改正。

国家工作人员违法失职，致使老年人合法权益受到损害的，由其所在单位或者上级机关责令改正，或者依法给予处分；构成犯罪的，依法追究刑事责任。

第七十四条　老年人与家庭成员因赡养、扶养或者住房、财产等发生纠纷，可以申请人民调解委员会或者其他有关组织进行调解，也可以直接向人民法院提起诉讼。

人民调解委员会或者其他有关组织调解前款纠纷时，应当通过说服、疏导等方式化解矛盾和纠纷；对有过错的家庭成员，应当给予批评教育。

人民法院对老年人追索赡养费或者扶养费的申请，可以依法裁定先予执行。

第七十五条 干涉老年人婚姻自由，对老年人负有赡养义务、扶养义务而拒绝赡养、扶养，虐待老年人或者对老年人实施家庭暴力的，由有关单位给予批评教育；构成违反治安管理行为的，依法给予治安管理处罚；构成犯罪的，依法追究刑事责任。

第七十六条 家庭成员盗窃、诈骗、抢夺、侵占、勒索、故意损毁老年人财物，构成违反治安管理行为的，依法给予治安管理处罚；构成犯罪的，依法追究刑事责任。

第七十七条 侮辱、诽谤老年人，构成违反治安管理行为的，依法给予治安管理处罚；构成犯罪的，依法追究刑事责任。

第七十八条 未经许可设立养老机构的，由县级以上人民政府民政部门责令改正；符合法律、法规规定的养老机构条件的，依法补办相关手续；逾期达不到法定条件的，责令停办并妥善安置收住的老年人；造成损害的，依法承担民事责任。

第七十九条 养老机构及其工作人员侵害老年人人身和财产权益，或者未按照约定提供服务的，依法承担民事责任；有关主管部门依法给予行政处罚；构成犯罪的，依法追究刑事责任。

第八十条 对养老机构负有管理和监督职责的部门及其工作人员滥用职权、玩忽职守、徇私舞弊的，对直接负责的主管人员和其他直接责任人员依法给予处分；构成犯罪的，依法追究刑事责任。

第八十一条 不按规定履行优待老年人义务的，由有关主管部门责令改正。

第八十二条 涉及老年人的工程不符合国家规定的标准或者

无障碍设施所有人、管理人未尽到维护和管理职责的，由有关主管部门责令改正；造成损害的，依法承担民事责任；对有关单位、个人依法给予行政处罚；构成犯罪的，依法追究刑事责任。

第九章　附则

第八十三条　民族自治地方的人民代表大会，可以根据本法的原则，结合当地民族风俗习惯的具体情况，依照法定程序制定变通的或者补充的规定。

第八十四条　本法施行前设立的养老机构不符合本法规定条件的，应当限期整改。具体办法由国务院民政部门制定。

第八十五条　本法自 2013 年 7 月 1 日起施行。

三、社会救助暂行办法

第一章 总 则

第一条 为了加强社会救助，保障公民的基本生活，促进社会公平，维护社会和谐稳定，根据宪法，制定本办法。

第二条 社会救助制度坚持托底线、救急难、可持续，与其他社会保障制度相衔接，社会救助水平与经济社会发展水平相适应。

社会救助工作应当遵循公开、公平、公正、及时的原则。

第三条 国务院民政部门统筹全国社会救助体系建设。国务院民政、卫生计生、教育、住房城乡建设、人力资源社会保障等部门，按照各自职责负责相应的社会救助管理工作。

县级以上地方人民政府民政、卫生计生、教育、住房城乡建设、人力资源社会保障等部门，按照各自职责负责本行政区域内相应的社会救助管理工作。

前两款所列行政部门统称社会救助管理部门。

第四条 乡镇人民政府、街道办事处负责有关社会救助的申请受理、调查审核，具体工作由社会救助经办机构或者经办人员承担。

村民委员会、居民委员会协助做好有关社会救助工作。

第五条 县级以上人民政府应当将社会救助纳入国民经济和社会发展规划，建立健全政府领导、民政部门牵头、有关部门配合、社会力量参与的社会救助工作协调机制，完善社会救助资金、物资保障机制，将政府安排的社会救助资金和社会救助工作经费纳入财政预算。

社会救助资金实行专项管理，分账核算，专款专用，任何单位或者个人不得挤占挪用。社会救助资金的支付，按照财政国库管理的有关规定执行。

第六条　县级以上人民政府应当按照国家统一规划建立社会救助管理信息系统，实现社会救助信息互联互通、资源共享。

第七条　国家鼓励、支持社会力量参与社会救助。

第八条　对在社会救助工作中作出显著成绩的单位、个人，按照国家有关规定给予表彰、奖励。

第二章　最低生活保障

第九条　国家对共同生活的家庭成员人均收入低于当地最低生活保障标准，且符合当地最低生活保障家庭财产状况规定的家庭，给予最低生活保障。

第十条　最低生活保障标准，由省、自治区、直辖市或者设区的市级人民政府按照当地居民生活必需的费用确定、公布，并根据当地经济社会发展水平和物价变动情况适时调整。

最低生活保障家庭收入状况、财产状况的认定办法，由省、自治区、直辖市或者设区的市级人民政府按照国家有关规定制定。

第十一条　申请最低生活保障，按照下列程序办理：

（一）由共同生活的家庭成员向户籍所在地的乡镇人民政府、街道办事处提出书面申请；家庭成员申请有困难的，可以委托村民委员会、居民委员会代为提出申请。

（二）乡镇人民政府、街道办事处应当通过入户调查、邻里访问、信函索证、群众评议、信息核查等方式，对申请人的家庭收入状况、财产状况进行调查核实，提出初审意见，在申请人所在村、社区公示后报县级人民政府民政部门审批。

（三）县级人民政府民政部门经审查，对符合条件的申请予以批准，并在申请人所在村、社区公布；对不符合条件的申请不予批准，并书面向申请人说明理由。

第十二条　对批准获得最低生活保障的家庭，县级人民政府民政部门按照共同生活的家庭成员人均收入低于当地最低生活保障标准的差额，按月发给最低生活保障金。

对获得最低生活保障后生活仍有困难的老年人、未成年人、重度残疾人和重病患者，县级以上地方人民政府应当采取必要措施给予生活保障。

第十三条　最低生活保障家庭的人口状况、收入状况、财产状况发生变化的，应当及时告知乡镇人民政府、街道办事处。

县级人民政府民政部门以及乡镇人民政府、街道办事处应当对获得最低生活保障家庭的人口状况、收入状况、财产状况定期核查。

最低生活保障家庭的人口状况、收入状况、财产状况发生变化的，县级人民政府民政部门应当及时决定增发、减发或者停发最低生活保障金；决定停发最低生活保障金的，应当书面说明理由。

第三章　特困人员供养

第十四条　国家对无劳动能力、无生活来源且无法定赡养、抚养、扶养义务人，或者其法定赡养、抚养、扶养义务人无赡养、抚养、扶养能力的老年人、残疾人以及未满 16 周岁的未成年人，给予特困人员供养。

第十五条　特困人员供养的内容包括：

（一）提供基本生活条件；

（二）对生活不能自理的给予照料；

（三）提供疾病治疗；

（四）办理丧葬事宜。

特困人员供养标准，由省、自治区、直辖市或者设区的市级人民政府确定、公布。

特困人员供养应当与城乡居民基本养老保险、基本医疗保障、最低生活保障、孤儿基本生活保障等制度相衔接。

第十六条　申请特困人员供养，由本人向户籍所在地的乡镇人民政府、街道办事处提出书面申请；本人申请有困难的，可以委托村民委员会、居民委员会代为提出申请。

特困人员供养的审批程序适用本办法第十一条规定。

第十七条　乡镇人民政府、街道办事处应当及时了解掌握居民的生活情况，发现符合特困供养条件的人员，应当主动为其依法办理供养。

第十八条　特困供养人员不再符合供养条件的，村民委员会、居民委员会或者供养服务机构应当告知乡镇人民政府、街道办事处，由乡镇人民政府、街道办事处审核并报县级人民政府民政部门核准后，终止供养并予以公示。

第十九条　特困供养人员可以在当地的供养服务机构集中供养，也可以在家分散供养。特困供养人员可以自行选择供养形式。

第四章　受灾人员救助

第二十条　国家建立健全自然灾害救助制度，对基本生活受到自然灾害严重影响的人员，提供生活救助。

自然灾害救助实行属地管理，分级负责。

第二十一条　设区的市级以上人民政府和自然灾害多发、易发地区的县级人民政府应当根据自然灾害特点、居民人口数量和分布等情况，设立自然灾害救助物资储备库，保障自然灾害发生后救助物资的紧急供应。

第二十二条　自然灾害发生后，县级以上人民政府或者人民政府的自然灾害救助应急综合协调机构应当根据情况紧急疏散、转移、安置受灾人员，及时为受灾人员提供必要的食品、饮用水、衣被、取暖、临时住所、医疗防疫等应急救助。

第二十三条　灾情稳定后，受灾地区县级以上人民政府应当评估、核定并发布自然灾害损失情况。

第二十四条　受灾地区人民政府应当在确保安全的前提下，对住房损毁严重的受灾人员进行过渡性安置。

第二十五条　自然灾害危险消除后，受灾地区人民政府民政等部门应当及时核实本行政区域内居民住房恢复重建补助对象，并给予资金、物资等救助。

第二十六条　自然灾害发生后，受灾地区人民政府应当为因当年冬寒或者次年春荒遇到生活困难的受灾人员提供基本生活救助。

第五章　医疗救助

第二十七条　国家建立健全医疗救助制度，保障医疗救助对象获得基本医疗卫生服务。

第二十八条　下列人员可以申请相关医疗救助：

（一）最低生活保障家庭成员；

（二）特困供养人员；

（三）县级以上人民政府规定的其他特殊困难人员。

第二十九条　医疗救助采取下列方式：

（一）对救助对象参加城镇居民基本医疗保险或者新型农村合作医疗的个人缴费部分，给予补贴；

（二）对救助对象经基本医疗保险、大病保险和其他补充医疗保险支付后，个人及其家庭难以承担的符合规定的基本医疗自负费用，给予补助。

医疗救助标准，由县级以上人民政府按照经济社会发展水平和医疗救助资金情况确定、公布。

第三十条　申请医疗救助的，应当向乡镇人民政府、街道办事处提出，经审核、公示后，由县级人民政府民政部门审批。最低生活保障家庭成员和特困供养人员的医疗救助，由县级人民政府民政部门直接办理。

第三十一条　县级以上人民政府应当建立健全医疗救助与基本医疗保险、大病保险相衔接的医疗费用结算机制，为医疗救助对象提供便捷服务。

第三十二条　国家建立疾病应急救助制度，对需要急救但身份不明或者无力支付急救费用的急重危伤病患者给予救助。符合规定的急救费用由疾病应急救助基金支付。

疾病应急救助制度应当与其他医疗保障制度相衔接。

第六章　教育救助

第三十三条　国家对在义务教育阶段就学的最低生活保障家庭成员、特困供养人员，给予教育救助。

对在高中教育（含中等职业教育）、普通高等教育阶段就学的最低生活保障家庭成员、特困供养人员，以及不能入学接受义务教育的残疾儿童，根据实际情况给予适当教育救助。

第三十四条　教育救助根据不同教育阶段需求，采取减免相关费用、发放助学金、给予生活补助、安排勤工助学等方式实施，保障教育救助对象基本学习、生活需求。

第三十五条　教育救助标准，由省、自治区、直辖市人民政府根据经济社会发展水平和教育救助对象的基本学习、生活需求确定、公布。

第三十六条 申请教育救助，应当按照国家有关规定向就读学校提出，按规定程序审核、确认后，由学校按照国家有关规定实施。

第七章 住房救助

第三十七条 国家对符合规定标准的住房困难的最低生活保障家庭、分散供养的特困人员，给予住房救助。

第三十八条 住房救助通过配租公共租赁住房、发放住房租赁补贴、农村危房改造等方式实施。

第三十九条 住房困难标准和救助标准，由县级以上地方人民政府根据本行政区域经济社会发展水平、住房价格水平等因素确定、公布。

第四十条 城镇家庭申请住房救助的，应当经由乡镇人民政府、街道办事处或者直接向县级人民政府住房保障部门提出，经县级人民政府民政部门审核家庭收入、财产状况和县级人民政府住房保障部门审核家庭住房状况并公示后，对符合申请条件的申请人，由县级人民政府住房保障部门优先给予保障。

农村家庭申请住房救助的，按照县级以上人民政府有关规定执行。

第四十一条 各级人民政府按照国家规定通过财政投入、用地供应等措施为实施住房救助提供保障。

第八章 就业救助

第四十二条 国家对最低生活保障家庭中有劳动能力并处于失业状态的成员，通过贷款贴息、社会保险补贴、岗位补贴、培训补贴、费用减免、公益性岗位安置等办法，给予就业救助。

第四十三条 最低生活保障家庭有劳动能力的成员均处于失

业状态的，县级以上地方人民政府应当采取有针对性的措施，确保该家庭至少有一人就业。

第四十四条　申请就业救助的，应当向住所地街道、社区公共就业服务机构提出，公共就业服务机构核实后予以登记，并免费提供就业岗位信息、职业介绍、职业指导等就业服务。

第四十五条　最低生活保障家庭中有劳动能力但未就业的成员，应当接受人力资源社会保障等有关部门介绍的工作；无正当理由，连续 3 次拒绝接受介绍的与其健康状况、劳动能力等相适应的工作的，县级人民政府民政部门应当决定减发或者停发其本人的最低生活保障金。

第四十六条　吸纳就业救助对象的用人单位，按照国家有关规定享受社会保险补贴、税收优惠、小额担保贷款等就业扶持政策。

第九章　临时救助

第四十七条　国家对因火灾、交通事故等意外事件，家庭成员突发重大疾病等原因，导致基本生活暂时出现严重困难的家庭，或者因生活必需支出突然增加超出家庭承受能力，导致基本生活暂时出现严重困难的最低生活保障家庭，以及遭遇其他特殊困难的家庭，给予临时救助。

第四十八条　申请临时救助的，应当向乡镇人民政府、街道办事处提出，经审核、公示后，由县级人民政府民政部门审批；救助金额较小的，县级人民政府民政部门可以委托乡镇人民政府、街道办事处审批。情况紧急的，可以按照规定简化审批手续。

第四十九条　临时救助的具体事项、标准，由县级以上地方人民政府确定、公布。

第五十条　国家对生活无着的流浪、乞讨人员提供临时食宿、急病救治、协助返回等救助。

第五十一条 公安机关和其他有关行政机关的工作人员在执行公务时发现流浪、乞讨人员的,应当告知其向救助管理机构求助。对其中的残疾人、未成年人、老年人和行动不便的其他人员,应当引导、护送到救助管理机构;对突发急病人员,应当立即通知急救机构进行救治。

第十章 社会力量参与

第五十二条 国家鼓励单位和个人等社会力量通过捐赠、设立帮扶项目、创办服务机构、提供志愿服务等方式,参与社会救助。

第五十三条 社会力量参与社会救助,按照国家有关规定享受财政补贴、税收优惠、费用减免等政策。

第五十四条 县级以上地方人民政府可以将社会救助中的具体服务事项通过委托、承包、采购等方式,向社会力量购买服务。

第五十五条 县级以上地方人民政府应当发挥社会工作服务机构和社会工作者作用,为社会救助对象提供社会融入、能力提升、心理疏导等专业服务。

第五十六条 社会救助管理部门及相关机构应当建立社会力量参与社会救助的机制和渠道,提供社会救助项目、需求信息,为社会力量参与社会救助创造条件、提供便利。

第十一章 监督管理

第五十七条 县级以上人民政府及其社会救助管理部门应当加强对社会救助工作的监督检查,完善相关监督管理制度。

第五十八条 申请或者已获得社会救助的家庭,应当按照规定如实申报家庭收入状况、财产状况。

县级以上人民政府民政部门根据申请或者已获得社会救助家庭的请求、委托，可以通过户籍管理、税务、社会保险、不动产登记、工商登记、住房公积金管理、车船管理等单位和银行、保险、证券等金融机构，代为查询、核对其家庭收入状况、财产状况；有关单位和金融机构应当予以配合。

县级以上人民政府民政部门应当建立申请和已获得社会救助家庭经济状况信息核对平台，为审核认定社会救助对象提供依据。

第五十九条　县级以上人民政府社会救助管理部门和乡镇人民政府、街道办事处在履行社会救助职责过程中，可以查阅、记录、复制与社会救助事项有关的资料，询问与社会救助事项有关的单位、个人，要求其对相关情况作出说明，提供相关证明材料。有关单位、个人应当如实提供。

第六十条　申请社会救助，应当按照本办法的规定提出；申请人难以确定社会救助管理部门的，可以先向社会救助经办机构或者县级人民政府民政部门求助。社会救助经办机构或者县级人民政府民政部门接到求助后，应当及时办理或者转交其他社会救助管理部门办理。

乡镇人民政府、街道办事处应当建立统一受理社会救助申请的窗口，及时受理、转办申请事项。

第六十一条　履行社会救助职责的工作人员对在社会救助工作中知悉的公民个人信息，除按照规定应当公示的信息外，应当予以保密。

第六十二条　县级以上人民政府及其社会救助管理部门应当通过报刊、广播、电视、互联网等媒体，宣传社会救助法律、法规和政策。

县级人民政府及其社会救助管理部门应当通过公共查阅室、资料索取点、信息公告栏等便于公众知晓的途径，及时公开社会救助资金、物资的管理和使用等情况，接受社会监督。

第六十三条　履行社会救助职责的工作人员行使职权，应当接受社会监督。

任何单位、个人有权对履行社会救助职责的工作人员在社会救助工作中的违法行为进行举报、投诉。受理举报、投诉的机关应当及时核实、处理。

第六十四条　县级以上人民政府财政部门、审计机关依法对社会救助资金、物资的筹集、分配、管理和使用实施监督。

第六十五条　申请或者已获得社会救助的家庭或者人员，对社会救助管理部门作出的具体行政行为不服的，可以依法申请行政复议或者提起行政诉讼。

第十二章　法律责任

第六十六条　违反本办法规定，有下列情形之一的，由上级行政机关或者监察机关责令改正；对直接负责的主管人员和其他直接责任人员依法给予处分：

（一）对符合申请条件的救助申请不予受理的；

（二）对符合救助条件的救助申请不予批准的；

（三）对不符合救助条件的救助申请予以批准的；

（四）泄露在工作中知悉的公民个人信息，造成后果的；

（五）丢失、篡改接受社会救助款物、服务记录等数据的；

（六）不按照规定发放社会救助资金、物资或者提供相关服务的；

（七）在履行社会救助职责过程中有其他滥用职权、玩忽职守、徇私舞弊行为的。

第六十七条　违反本办法规定，截留、挤占、挪用、私分社会救助资金、物资的，由有关部门责令追回；有违法所得的，没收违法所得；对直接负责的主管人员和其他直接责任人员依法给予处分。

第六十八条　采取虚报、隐瞒、伪造等手段，骗取社会救助资金、物资或者服务的，由有关部门决定停止社会救助，责令退回非法获取的救助资金、物资，可以处非法获取的救助款额或者物资价值 1 倍以上 3 倍以下的罚款；构成违反治安管理行为的，依法给予治安管理处罚。

第六十九条　违反本办法规定，构成犯罪的，依法追究刑事责任。

第十三章　附则

第七十条　本办法自 2014 年 5 月 1 日起施行。

图书在版编目（ＣＩＰ）数据

农村留守儿童及孤寡老人法律问题解答：案例应用版/孙才涛著. —北京：中国政法大学出版社，2015.2

ISBN 978-7-5620-5927-1

Ⅰ. ①农… Ⅱ. ①孙… Ⅲ. ①农村－儿童－未成年人保护法－法规－问题解答－中国②农村－老年人权益保护法－法规－问题解答－中国 Ⅳ. ①D922.183-44②D923.84-44

中国版本图书馆CIP数据核字(2015)第040535号

出 版 者　　中国政法大学出版社

地　　址　　北京市海淀区西土城路 25 号

邮寄地址　　北京 100088 信箱 8034 分箱　邮编 100088

网　　址　　http://www.cuplpress.com（网络实名：中国政法大学出版社）

电　　话　　010-58908285（总编室）58908334（邮购部）

承　　印　　固安华明印业有限公司

开　　本　　880mm×1230mm　1/32

印　　张　　8

字　　数　　200 千字

版　　次　　2015 年 2 月第 1 版

印　　次　　2020 年 6 月第 2 次印刷

定　　价　　18.00 元